紹興大典

史部

光緒上虞縣志

2

中華書局

上虞縣志卷五

列傳

名宦

度尚漢　顧雍三國　顏含　傅晞

周鵬舉晉　王鎮之　卞延之　王晏

周洽已上南北朝　金堯恭　崔協唐　王存

陳休錫　趙不搖　婁寅亮亮江公　葉顒子元泳

陳炳　汪大定已上宋　王璘　馬思忽佛家奴

張垕　智紹先　于嗣宗　張叔温

林希元　李睿　韓諫　趙元齡
陳子彙已上元　趙允文　鄭汝敬　蕭宏
馬慶　陳祥　汪度　楊紹芳
鄭芸　陳大賓　熊潢　羅尚德
李邦義　彭英　謝良琦　金九皋
胡思伸　徐待聘　濮陽傳　楊麟
温汝舟　丁汝驤　李拯　余颺已上明
劉方至　鄭僑　張殿　張逢堯
施繩武　崔鳴玉　周鏞　楊溯泮

徐廷鑾　龍澤澔　孫欽若　胡堯戴

漢

度尚字博平山陽湖陸人永嘉元年據曹娥碑除上虞長爲政嚴峻明於發擿姦非吏人謂之神明後漢書本傳嘗擢門下書佐朱雋恒歎述之以爲有不凡操雋後官至車騎將軍遠近奇尙有知人之鑒後漢書傳注先是漢安二年孝女曹娥投江求父屍死鄉人瘞之江邊莫之有表尙設祭誄之曹娥碑改葬娥於江南道傍爲立碑後漢書列女傳使外甥邯鄲子禮爲碑文以彰孝烈水經注祀名宦萬歷志○故洛陽市長淯于冀學問淵深志節高尙隱於

田里希見長吏尚往候之晨到其門匿不出見主簿白還不聽停車待之晡時乃得見尚禮極恭相與講道詢政劇談乃退此事出眞誥萬歷志引之當補

三國

顧雍字元歎吳郡吳人弱冠爲合肥長後轉上虞有治績三國志吳書本傳

晉

顔含字弘都舊志作弘卿譌瑯邪莘人少有操行以孝聞元帝過江以含爲上虞令累除東陽吳郡太守所歷簡而有恩明而能斷晉書本傳

傳晞北地泥陽人咸子有才思爲上虞令甚有政績卒於司徒西曹屬晉書傅玄傳○萬歷府志其孫隆家上虞隆爲會稽征冦參軍博學多通尤精三禮仕終戸部尚書

周鵬舉字垂天會稽人爲上虞令有惠政萬歷志

南北朝

王鎮之字伯重瑯邪臨沂人父隨之爲上虞令鎮之初爲瑯邪王衞軍行參軍出補上虞令有能名後爲安成太守母憂去職在官清潔妻子無以自給乃棄家致喪還上虞舊基宋書○南史作還上虞舊墓

卞延之濟陰冤句人弱冠爲上虞令有剛氣會稽太守孟顗以令長裁之積不能容脫幘投地曰我所以屈卿者政爲此幘耳今已投之卿矣卿以一世勳門而傲天下國士拂衣而去南史卞彬傳

王晏爲上虞令孔覬自會稽發兵反晏起兵攻郡覬率千餘人趨石瀆嘉泰會稽志竄於嵴山村嵴山民縛覬送晏晏乃斬之東閤外南史孔覬傳

周洽汝南人歷上虞令廉約無私卒於都水使者無以殯殮吏人爲買棺器南史循吏傳

唐

金堯恭寶歷中令上虞堯恭於縣西北置任嶼湖與黎湖灌田二百餘頃興利除害民甚德之萬歷府志

崔協博陵人大中元年以戶曹攝上虞值歲大旱民賦無所出協請蠲於上不許遂傾家貲代輸之及卒邑人立廟祀之嘉靖浙江通志今縣西六里崔公祠尚存新纂

宋

王存字正仲潤州丹陽人慶歷六年登進士第調嘉興主簿擢上虞令豪姓殺人久莫敢問存至案以州吏受賕豪

賂宅官變其獄存反爲罷去（宋史本傳）

陳休錫建炎元年來知縣事時湖多廢爲田民訴害於府諭使者下其狀於縣休錫遂悉罷境內湖田使者以未得朝旨數窘之休錫不爲動是歲不登獨上虞得湖水之利大稔（萬歷府志）

趙不搖紹興初知縣時縣治毀於兵燹亟事創建各得其宜夏蓋等湖漸廢爲田大妨水利不搖白於朝悉復爲湖民至今受其利（萬歷府志）與陳休錫並祀名宦（嘉慶志）

婁寅亮字陟明永嘉人政和二年進士爲上虞丞建炎四

年高宗至越寅亮上疏請育太祖諸孫爲嗣畧云先正有言太祖舍其子而立弟此天下之大公仁宗感悟其說詔英宗入繼大統屬者椒寢未繁前星不耀臣欲乞陛下於子行中遴選太祖諸孫有賢德者視秩親王俾牧九州以待皇嗣之生退處藩服帝讀之感悟召赴行在擢監察御史秦檜惡之罷廢宋史本傳寅亮之先有丞江公亮廉潔能文章作縣治朱娥廟二記人稱上虞二亮萬歷府志○案江公亮作朱娥祠記在政和三年較寅亮建炎四年上疏先十七年萬歷志誤以江爲汪以公亮爲寅亮之後今正

葉顒字子昂興化軍仙游人登紹興元年進士第知上虞縣凡繇役令民自推貲力甲乙不以付吏民欣然皆以實應催租各書其數與民約使自持戶租至庭親視其入咸

便之帥曹泳令今歲夏租先期送什之八顯請少紓其期泳怒及麥大熟民輸租反爲諸邑最泳大喜許薦於朝顯固辭乾道二年爲尚書左僕射同中書門下平章事薨謚正簡宋史本傳子元泳復令上虞益田養士人稱濟美並祀名宦萬歷志

陳炳字宜之石門人令上虞有西溪湖瀦水利及三鄉中廢爲田參政張綱嘗浚之刻石爲記歲久豪右復據夏大旱民持綱所刻石請復湖豪右撓沮之炳奮曰令甯以罪謫去必不忍畏避強禦委棄三鄉民命也卒浚復之百姓

歌曰前復湖張叅政後復湖陳縣令與我衣食全我命後除提轄文思院卒浙江通志循吏一引嘉興府圖記○案正統志炳傳炳號退菴長樂人紹興中來知邑事德及士民校職合詞請與葉正簡並祠於學尚書陳塏爲置田剏祠立石萬歷康熙志均作長樂人嘉慶志職官表則云一作崇德紹興中任居官務行所學嘗著退菴文集十五卷與此不合附錄俟考

汪大定字季應鄞人淳熙中令上虞政務平易才敏而慮周時魏王蘉於四明使者旁午上虞通明堰最高潮水乍至輙回喪舟不克濟大定乃相視地形復興舊閘增浚查湖開支港創小堰以通餘舟募游手二百人別以旗色列左右俟大舟入閘卽引湖水灌之水溢堰平衆力挽疾行

餘舟畢濟民用不擾使者稱不絕口萬歷府志

元

王璘字景文臨沂人前至元三十一年據戴俞修學記改正尹上虞冰蘖自守刑不妄施獄屢告空優老興學人皆德之宏治府志

馬思忽至治二年據戴俞修學記改正達魯花赤時同僚皆尚嚴刻馬思忽濟之以寬民田有坍江者糧額未除皆優使輸布邑不產茶鄰境以官採侵擾馬思忽奏過之嘗奉檄讞獄他邑有持執政風旨俾上下其手馬思忽不聽枉直無所失萬歷府志又有佛家奴府志作孥至正中亦爲監邑政令不擾四

境晏然萬曆志○正統志佛家奴自新昌再調斯邑至正壬辰之任言無妄施政無擅爲民皆愛之

張亶字德修成都人萬曆府志作臨沂人至治中尹虞廉潔無私請託不行新學贍士嚴禁私鹺邑以治聞萬曆志

智紹先字孝思鑫吾人後至元二年來尹虞先是民病私鹽紹先殫心規畫轉運有方民不擾而課不虧鄰境以爲法更剏譙樓修公宇多所建立萬曆志

于嗣宗字德元錢塘人至正初上虞尹以慈惠稱嘗勸民出粟爲石隄捍海遺利甚遠萬曆府志

張叔温雲中人至正八年來尹虞邑能文章命邑民集上

虞志正統志

林希元台州人博學能文章由翰林應奉出尹上虞在官廉介妻子恒有饑色人不能堪希元處之泰如也白馬湖最闊水利每爲豪民所侵乃定墾田數湖始復舊旱潦咸賴之重建明倫堂續修邑志嘗請立箕子廟於遼東祀董仲舒於廟庭皆有功名教者卒於官貧不能殮邑士爲營葬所著有長林存稿祀名宦萬歷府志◎正統志義士趙汝能營棺槨劉坦之捐山葬於瑞象之原康熙志福建人游寓天台登至正壬辰進士著西溪湖議并賦擢南臺御史命甫下而卒子貧不能歸家於

虞

李膺字景明武安人萬歷志作武平至正間尹上虞和易有守歲久旱方病目弗顧周視阡陌免其租稅萬歷府志縣有上妃白馬夏蓋三湖爲前尹林希元墾復林去而湖復廢膺力復之秩滿遭亂不歸卒葬於虞謝肅銘其墓萬歷志

韓諫字自行天台人至正末尹上虞值兵興供億甚煩諫調度有方民不擾而用足時有以夏蓋湖獻長鎗軍者諫言於督軍郎中得寢又均西溪湖田定四等賦民咸利之萬歷府志

趙元齡字子年宛邱人尉上虞先是縣官收職米率三倍

佃者病之元齡獨無升勺過取士兵之隸於有司者子視之秋毫無擾時人謂之曰縣尉不要錢只有趙子年萬歷府志

陳子翬奉化人至正十四年掌教事行已端嚴誨人以規矩尤長於文詞邑内名宦鄉賢悉搜事實贊之萬歷志

明

趙允文鄆城人洪武元年爲上虞知縣招撫流散差定賦役民樂吏化邑里晏然宏治府志三年陞杭州府同知正統志

鄭汝敬字行簡以字行居歙西永樂乙未進士知上虞先是令以貪冗去民素知行簡名皆踴躍歡迓載道行簡至

抑豪右勸農桑賑饑窮治輿梁棧道大興學宮居二年邑大治監察御史尹考浙七十二縣令置行簡第一別縣有疑訟不決者多付理之行簡亦悉心民隱不遺餘力同僚猜忌日甚邑有耆儒栁南仲賢而有文行簡敬之憫其貧贈以綿絮南仲狷介不受以錢百文裹詩爲謝行簡辭錢受詩同僚以是誣之將左遷行簡以母年高無以爲養遂自解職歸虞人請留不得相與擁泣而去獻徵錄○萬歷志御史尹崇高行部號嚴厲獨賢行簡嘗問郡守屬令孰優對曰惟鄭尹淸介剛方但氣大耳崇高歎曰居官患不氣大氣果大當充塞宇宙而可以是病之耶乃考行簡爲治行第一

蕭宏字克裕武岡州人天順己卯鄉舉知上虞縣縣故多豪族率以事持縣官短長宏捕得黠者嚴寘之法豪貴斂戢自奉儉薄而能恫瘝民隱罷官後妻子至無以自存去處之淡如也上虞民立專祠祀之湖廣寶慶府志祠今無考新纂

馬慶淮安人由舉人成化間掌教事嚴以立己勤以率人集諸生於各號房給以油火蚤夜躬自訓督多所成就萬歷志

陳祥高安人宏治中案萬歷志宏治癸亥來令實十六年知上虞臨政嚴明人莫敢干以私歲饑按口施賑復請於朝得內帑金以繼

之仍錮秋糧十之七他邑流徙者爲煮粥僧寺以食之遠近全活者甚衆又嘗刻鄉約與民更始遇諸生有恩禮咸懷感奮期年以憂去於越新編

汪度績溪人以鄉貢知上虞自奉過儉衣至十澣不易朝夕惟豆羮一盂而事母則極豐腆民有賣犢以償其俸者廉知之命歸其犢或有犯必以理諭再三未嘗輒加鞭撻民亦不忍欺正德間逆瑾誣以受賄落職室如懸磬民爭助不許去之日士民擁留不獲爲樹碑頌德於越新編○朱袞清介碑詞曰卓卓汪侯清苦持守三載居官一分不苟逆瑾弄權誣以贓垢削籍去官奪我父母悠悠我思天長地久○陳

有年徐聘君文彪傳初聘君之辟也上虞令
汪君度三造廬焉駕乃起是歲汪亦坐廢
楊紹芳字伯傳應城人嘉靖甲申由進士知縣事好興剔
利弊改運河拓學基修築沿海塘剏建奎文閣治績甚著
擢御史去萬歷志
鄭芸字士馨莆田人嘉靖乙未進士知松陽縣精敏有聲
部使者疏其才移上虞首濬沙湖通商舶甦傳郵復上妃
白馬夏蓋三湖即以湖歲入魚蝦錢倡築上虞城十五年
倭寇浙東獨上虞以有城免鋒鏑遷監察御史獻徵錄○萬歷志芸
卒士民懷德立祠置田春
秋祀之邑人朱袞撰碑記

陳大賓字敬夫江陵人嘉靖甲辰由進士來知縣事值歲祲大賓蹙額爲請當道蠲稅賑濟民賴以生越歲又旱赤日中徒跣露禱甘澍時降邑西北濱海躬親築堤以捍潮患葺新學校興起人文屢申明聖諭俾小民咸若於訓方議復西溪湖適內召拜南臺御史士民爲立去思碑萬歷志

熊潢南昌舉人嘉靖庚戌知縣性鯁直不畏强禦事有觸忤赫然雷霆已而理解霍焉光霽贖鍰羨鏹視之若染日以疏水自給政刑清平卒於官民哀慕之萬歷志

羅尚德字希容山西臨汾進士嘉靖丁巳邑患島寇尚德

來攝篆綏征輕役外攘內甯會暴卒闔邑感慟立祠祀之嘉慶志

李邦義字宜之連州人嘉靖丁巳由進士來知縣事時督撫禦倭海上悍兵往來驛騷邦義委曲籌應民賴以安爲政嚴明而不苛察待士有禮處民事如家事務不拂其好惡召拜給事中萬曆志

彭英字育之萬安人嘉靖間司訓上虞天性樸誠襟懷疏曠於勢利澹如潔己端範甚得士心越三年以疾去諸生送別於曹娥無不泣下萬曆府志

謝良琦字景韓隆慶戊辰進士己巳春來知縣事明敏廉幹棼錯刃解務摉奸懲惡以安良民尤嘉與士類升堂講書相與辨難考校莅任未朞一邑翕然仰化適以憂去人咸惜之萬歷志

金九皐字聞野武進人涵養淵邃識趣高奇肆筆咸屬名言與徐儆弦輩樹幟詞壇隆慶間據表改司訓上虞一時士業灑然更新以直指特薦擢武康令去士子攀留不得有隨武康就學者萬歷志

胡思伸績溪人萬歷乙未進士知上虞利弊纖細罔不周

知下車即清丈田土息民爭訟又捐俸多置學田修築新安巽水二閘爲民利賴浙江通志閘旁皆建祠祀之并崇祀名宦康熙志

徐待聘字廷珍常熟人萬歷辛丑進士自樂清調繁上虞雅好文學惠民勸士城鄉水利靡不修舉覈漳汀湖侵佔清玉帶溪壅淤相度西溪湖地形條議請復又廣置義塚親裁邑乘捐俸剞劂秩滿陞刑部主事康熙志

濮陽傳廣德人萬歷初由貢爲虞丞優於文學兼有吏才築南門外橫涇壩尤加意三湖至今有濮陽墩所謂畫措置可垂

承久暇則偕學士文人登玩山水興至輒發豪吟不知者呼爲濮癡萬歷志

楊麟別號石州邵武人萬歷辛巳由松陽訓導擢上虞教諭嘗攝縣符清操益著據碑文增三年以致仕去虞士德之爲立去思碑於土地祠前萬歷志

溫汝舟烏程人由貢授館陶訓導遂登山東鄉榜壬辰來諭虞當時學官弟子請廩餼禮必簉重幣先生麾之曰奈何以朝廷珍異諸生者重爲諸生苦一切歲節之遺戒勿入又從臾邑令楊爲棟置學田若干急貧士之困而以其

餘爲課業資五載擢太湖令去虞士思之立去思碑於明倫堂萬歷志並據黃猷吉碑記增

丁汝驤字叔潛仁和人萬歷戊午舉人教諭上虞善詩文尤工書遒勁可法所交皆名士與弟子講論朝夕不輟接引恐後學署湫隘自出俸資闢數楹以居瀟灑不羣大有雅人深致康熙志

李拯晉江人崇禎戊辰進上令上虞所按訟牒明是非而止罕及刑楚歲時或餽以修脯辭勿納布袍蔬食晏如也夜則篝燈讀書喜與士論文所奬拔率皆譽髦嘗出五年

清俸修學校不借民工不責贖鍰陞工部主事瀕行檢篋
中墨蹟有貽自紳士者悉還之李府志
余颺字賡之莆田人崇禎丁丑進士令上虞望之體貌風
雅藹然易親其中獨有介性撓之卒不可亂有以文藝交
者歡若平生甲申燕京陷越土賊乘機竊發猝入城颺勒
鄉勇巷戰格退之所擒獲即斃杖下及得賊狀急曰勿展
視燔其籍可也一時良莠無不感泣李府志
國朝
劉方至山東人以明經授紹興府推官寬和慈惠悃愊無

華菼任甫一載政清刑簡視上虞篆剔弊更張民懷其德順治戊子三月山賊王岳壽夜率衆攻城時守兵單弱城陷方至死之事　聞　贈浙江按察司僉事蔭一子入監讀書乾隆府志○案大清一統志浙江通志均作贈按察司僉事嘉慶志作贈尚寶司少卿疑誤

鄭僑祈州人康熙九年知縣一意撫字凡有利於民者知無不爲虞邑貨買市物向有官價僑至裁革出示永禁至今民受其惠舊志久不輯僑延邑人纂修之嘉慶志

張殿字國相上虞把總籍貫未詳或云名虎山西人素愛民縣有故巡檢司土城康熙十七年七月海賊掠村落殿

命婦女入避土城竹林中而身獨與僕操刃門焉賊至蜂
擁欲入殿奮擊之手刃數人賊相顧錯愕切齒以刀環斫
相持久之力屈與僕俱爲賊所害里人感之因共建祠祀
爲土地神乾隆府志
張逢堯直隸滄州人乾隆間由舉人知縣事政績甚著會
夏亢旱禾盡槁逢堯齋戒沐浴易素服繫麻鞋踰岡嶺且
數十重足刺荆棘血自股至脛抵龍潭祈雨者數矣雨猶
未降逢堯以罪在躬痛自引責日冒酷暑跪堂皇下自朝
至薄暮未嘗起勺水不入於口舌短聲瘖疾幾危天乃哀

而賜之及雨歲則大熟嘉慶志

施繩武號東廬崇明人乾隆間署縣事有聲患運河後新河淺狹旱潦無備集紳耆仿古對産出夫法命民開浚之不二月功成又酌減佃戶租額嚴禁僧尼同居剴切勸諭俗爲一新據施東廬遺稿重纂

崔鳴玉字樂成直隸獻縣舉人嘉慶八年知縣九年于役楚江十一年復知縣事崇文好士廉潔有政聲重修上虞縣志十四年歲饑籌欵賑濟民賴以生備稿

周鏞字序東湖北漢川人道光壬午進士甲申蒞任風規

峻厲明察如神先是邑有猾吏林某勢橫甚鏞爲微行廉得之甫下車即寘之法合邑肅然邑西北和尚橋舊有匪徒聚黨肆掠鏞知率縣兵捕治地方以靖居民肖像祀焉嘗疏濬十八里河按畝征丁農商均享其利又奉文建城鄉社倉百數十處興利除弊吏民畏愛調繁山陰去參用備稿

楊溯伊號春帆雲南雲龍州人道光辛卯冬攝縣事以興學造士爲己任邑故無試院見生徒咸集縣治廊廡間雜沓喧囂風雨不蔽溯伊憫之遂首捐廉俸相度城東隅故倉基改造經正書院並建考棚於中詳定課士章程著五

美錄刊示至今多士賴之同時又有教諭徐廷鑾廷鑾號鑾坡石門廩貢董建書院考棚不辭勞勩嘗攺葺承澤書院爲義塾以教童蒙又出己貲爲諸生月課膏火士皆向學與楊公皆署事不過數月功可垂諸百世者參用備稿

龍澤澔號春皐桃源人道光癸巳攝嵊篆有聲己亥調署上虞下車三月訊結積牘二百餘起訪辦巨憝數人剖斷明決胥吏肅然奉檄修築北海塘詳請開掘梁湖漲沙庚子刱建轉壩文瀾閣勘丈沿江沙地歸書院增設生童膏

火捐葺　文廟添建書院尊經閣重修治前鼓樓捐復前令周鏞所設社倉穀百六十處涖任二載百廢具興適英夷滋事大吏委辦軍需以勞瘁嘔血死備稿

孫欽若字敬之山東茌平人道光甲辰進士乙巳署縣事廉明寬厚撫御有方決獄慈祥民不忍欺邑患夥盜刼掠已久欽若至盜即被獲餘盜不敢入境去之日士民有泣下者備稿

胡堯戴字蔭庭湖南武陵人咸豐九年知縣事聰察強幹政尚威猛未涖任先爲微行邑中諸不逞者籍記之下車

卽按籍訪辦尤嚴於治盜時餘姚土匪黃春生屢犯縣境堯戴練勇防剿十一年復犯境堯戴會同餘姚謝敬合剿遂獲春生磔之十月二十一日粵匪由嵊陷虞堯戴督軍迎擊賊大至不敵遂遇害事　聞　贈太僕寺卿同時死者候補縣丞李光祖典史曹燮新纂

案舊志名宦傳吳有劉綱晉有華茂南北朝有王隨之徐祚之羨之備稿吳有華覈元有詹鼎今劉綱已入仙釋不應兩傳華覈華茂徐祚之杳無政績隨之名見鎮之傳羨之非虞令祚之舊志稱政教修舉士民咸得其所于史無徵至詹鼎爲方國珍府都事判上虞有治聲明史雖載其事然依附僭竊不足采拾若　國朝之官斯土者自嘉道以來如李宗傳之明斷伍紹紳之治盜張致高之循良劉書田之清正皆卓有政聲兵燹以後

檔冊無存父老所傳又無事實可徵故聊識其概于此

補遺

宋

樓杓鄞人鑰之孫父濤爲上虞丞杓少時嘗隨侍焉樓鑰有送杓孫隨侍上虞詩嘉定十七年來知縣事以學從政不苟目前凡可便於民者知無不爲袁燮豐惠橋記舉行鄉飲主義役法禁產戶詭挾除浮財役錢正統志增補學宮府志建明倫堂櫺星門又建豐惠德政二橋多善政正統志後倅臨安鄞縣志

沈煥字叔晦鄞人乾道五年試藝南宮奏名第二授迪功

郎紹興府上虞縣尉三年不卑其官端居終日雖隆冬酷暑不少懈砥礪名節無秋毫私增葺學舍訓導有法馭下嚴紀律毋得輒至鄉井不得已而遣期以某日某時反命毋敢蹉跌訪求版籍得之胥史家曰是政本也而此曹私之不謹隄防何以經久則鐍而藏諸榜其庫曰經界而歸權於長有所閱視宰必關尉尉必請於宰始得啟封約束堅明吏姦莫措邑人賴之聲望藹然調揚州教授旋除辦浙東安撫司公事是歲旱荒絜齋集通判沈公行狀

常平使分擇官屬振卹得餘姚上虞二縣宋史本傳煥躬行阡陌人人撫之詢

戶口察顏色飾貌者自退而饑民皆遺之食行狀二縣無復流殍本傳○案行狀及周必大所撰墓志言行編宋元學案鄞縣志鎮海縣志俱作上虞尉燭湖集附煥撰孫介行狀亦自言尉上虞袁燮絜齋集贈沈智甫序言煥尉上虞張處士墓志石刻在乾道五年稱右迪功郎新上虞縣尉沈煥書惟宋史本傳寶慶續志言授餘姚尉然行狀與墓志最先出當可依據宋史作餘姚尉想係刊本偶誤或仍寶慶志舊文之訛今故據行狀補傳又案樓鑰撰汪大定墓志云淳熙四年知上虞縣政務平易吏民相安事日以理丞嘗以縣錄事小忤其意不以關白徑杖之吏來訴大定曰本縣丞何爲不可撻汝輩尙敢訴耶更加懲治丞媿服魏王愷薨於四明將葬於越使者旁午上虞適明堰最高僅過數舟潮已涸大定相視地形復興舊閘增浚渣湖開支港創小堰以通餘舟募二百人別以旗色分列左右俟大舟入閘即引湖水灌之水溢堰平衆掖喪舟以進略無倚側俄頃俱濟萬歷府志舊傳尙未詳盡附錄以俟後之修志者補焉

明

蕭與成字世功太倉人爲上虞丞善政不可縷數而開夾塘功最著虞故有大小兩查湖蘿巖蘿壁諸山水皆委之田數千頃浸爲潦自與成受事開夾塘修入埭以瀉漱衆流而兩湖始安湖旁窪下田皆倍收居民爲碑頌之王錫爵蕭公墓志銘

上虞縣志卷六

列傳

人物

王充　綦毋俊　孟英子章　孟嘗

陳業　魏朗　戴就　楊威

朱儁已上漢　樊正　魏騰　卓恕

魏遷已上三國吳　魏隱　張諛晉　魏温仁南北朝

沈朝　葉再榮　李汾已上唐

漢

王充字仲任會稽上虞人也其先自魏郡元城徙焉充少孤鄉里稱孝後到京師受業太學師事扶風班彪好博覽而不守章句家貧無書常游洛陽市肆閱所賣書一見輒能誦憶遂博通衆流百家之言後歸鄉里屏居教授仕郡爲功曹以數諫爭不合去好論說始若詭異終有理實以爲俗儒守文多失其眞乃閉門潛思絶慶弔之禮戶牖牆壁各著刀筆著論衡八十五篇二十餘萬言釋物類同異正時俗嫌疑刺史董勤辟爲從事轉治中自免還家友人同郡謝夷吾上書薦充曰充之天才非學所加雖前世孟

軻孫卿近漢楊雄劉向司馬遷不能過也肅宗特詔公車徵病不行年漸七十志力衰耗乃造養性書十六篇裁節嗜欲頤神自守永元中病卒於家後漢書本傳并注元至正間祀鄉賢正統志○論衡自紀篇王充者會稽上虞人也字仲任其先本魏郡元城祖父汎舉家擔載就安會稽留錢塘縣以賈販爲事生子二人長曰蒙少曰誦誦即充父祖世任氣至蒙誦滋甚末復與豪家丁伯等結怨徙處上虞建武三年充生爲小兒不好狎侮儕倫好掩雀捕蟬錢戲林熙充獨不肯誦奇之六歲教書有巨人之志八歲出於書館受論語尚書日諷千字經明德就在縣位至掾功曹在都尉府位亦掾功曹在太守爲列掾五官功曹從事入州爲從事好傑友稚徒不泛結俗材淫讀古文甘聞異言世書俗說多所不安其論說始若詭於衆極聽其終衆乃是之充升擢在位衆人蟻附廢退窮居舊故叛去故閒居作譏俗節義十二篇又閔人君之政徒欲治人故作政

務之書又傷僞書俗文多不誠實故爲論衡之書以元和三年徙家辟詣揚州部丹陽九江廬江後入爲治中章和二年罷州家居年漸七十乃作養性之書凡十六篇

綦毋俊者會稽上虞人也少涉儒學治左氏春秋永和中舉孝廉拜左校令出爲交州刺史詔賜高山冠絳三匹擁節元初三年合浦蠻反遣御史任逴督州郡兵討之俊以蒼梧當合浦下蠻或流刼猝難回顧乃先保障蒼梧後往合浦所向摧靡功當封賞上書歸功於逴自謂致寇當誅詔下美之論者稱俊拔濟一郡遜爵土之封謂此也三國志虞翻傳注引會稽典錄唐類函引會稽先賢傳廣東通志廣西通志○案嘉慶志誤入吳時今正

孟英字公房上虞人爲郡掾史王憑坐罪未應死太守下縣殺憑憑家詣闕稱寃詔書下州檢拷英出定文書悉著英名楚毒慘至辭色不變言太守病不關衆事英以冬至日入占病因竊印以封文書下縣殺憑非太守意也繫歷冬夏肉皆消爛遂不食而死太平御覽引會稽典錄子章復爲郡功曹從役殺賊兵卒北敗爲賊所射以身代將卒死不去論衡齊世篇

孟嘗字伯周其先三世爲郡吏並伏節死難三國志虞翻傳注引會稽典錄決曹掾上虞孟英三世死義嘗少修操行仕郡爲戶曹史上虞有寡

婦至孝養姑姑壽終夫女弟誣婦鴆母列訟縣庭嘗知枉
狀言之太守太守不理嘗謝病去婦竟冤死自是郡中連
旱二年後太守殷丹到官訪故嘗具陳寡婦冤誣之事因
曰宜戮訟者以謝冤魂丹從之天雨嘗後策孝廉舉茂才
拜徐令州郡表其能遷合浦太守郡不產穀實而海出珠
寶與交阯比境常通商販貿糴糧食先是宰守並多貪穢
詭人採求不知紀極珠遂漸徙於交阯郡界嘗到官革易
前敝求民病利未踰歲去珠復還百姓皆反其業商賈流
通稱爲神明以病自上被徵當還吏民攀車請之嘗既不

得請乃載鄉民船夜遁去隱處窮澤身自耕傭鄰縣士民慕其德就居止者百餘家桓帝時尚書同郡楊喬上書薦嘗竟不用年七十卒於家後漢書循吏傳元至正間祀鄉賢萬歷志

陳業字文理上虞人郡守蕭府君卒業與書佐魯雙卒禮送喪雙道溺於水業因掘泥揚波搖出其尸又兄度海復見傾命時同依止者乃五六人骨肉消爛不可記別業仰皇天誓后土曰聞親戚者必有異焉因割臂流血以灑骨上應時得血住餘皆流去延熹六年任會稽太守潔身清行志懷霜雪貞亮之信同操柳下遭漢中徽委官棄祿遁

迹翳歛以求其志高邈妙蹤天下所聞沛國桓儼避地會稽聞業履行高潔往候不見儼後浮海南入交州臨去遺書與業不因行李繫白樓亭而去升陟遠望山湖滿目也故朱育曰桓文遺之尺牘之書比竟三高太平御覽引會稽先賢傳三國志虞翻傳注引會稽典錄水經漸江水注並舊府志職官表

魏朗字少英會稽上虞人也少爲縣吏兄爲鄉人所殺朗白日操刃報讐於縣中遂亡命到陳國從博士郤仲信學春秋圖緯又詣太學授五經京師長者李膺之徒爭從之初辟司徒府再遷彭城令時中官子弟爲國相多行非法

朗與更相章奏幸臣忿疾欲中之會九眞賊起乃共薦朗爲九眞都尉到官獎厲吏兵討破羣賊斬首二千級桓帝美其功徵拜議郎頃之遷尚書屢陳便宜有所補益出爲河內太守政稱三河表尚書令陳蕃薦朗公忠亮直宜在機密復徵爲尚書會被黨議免歸家朗性矜嚴閉門整法度家人不見惰容後漢書本傳靈帝卽位竇武陳蕃等欲誅宦官謀泄反爲所害朗以黨被徵乃慷慨曰丈夫與陳仲舉李元禮俱死得非乘龍上天乎於丹陽牛渚自殺太平御覽引會稽典錄著書數篇號魏子云本傳元至正間祀鄉賢正統志○三國志虞

翻傳注引會稽典錄河内太守上虞魏少英遭世屯蹇忘家憂國列在八俊爲世英彦太平御覽引會稽典略曰魏朗爲郡功曹佐正旦掾吏顧龕被袞以加朝服朗以袞非臣服龕不敬劾卒撤去龕袞而不聽朗右手鳴鼓左手撤袞以聞府君嘉朗遂退龕以朗代之朗辭病不就

戴就字景成會稽上虞人也仕郡倉曹掾揚州刺史歐陽參奏太守成公浮臧罪遣部從事薛安按倉庫簿領收就於錢唐縣獄幽囚考掠五毒參至就慷慨直辭色不變容又燒鋘斧使就挾於肘腋就語獄卒可熟燒斧勿令冷每上彭考因止飯食不肯下肉焦毁墮地者掇而食之主者窮極酷慘無復餘方乃卧就覆船下以馬通薰之一夜二

日皆謂已死發船視之就方張眼大罵曰何不益火而使滅絶又以鐵針刺手爪中使以把土就十爪皆墮地終無撓辭數語用太平御覽引謝承後漢書　主者以狀白安安呼見就謂曰太守罪穢狼籍受命考實君何故以骨肉拒扞邪就據地答言太守剖符大臣當以死報國卿雖銜命固宜申斷冤毒柰何誣枉忠良强相掠理令臣謗其君子證其父薛安庸騃惽行無義就考死之日當白之於天與羣鬼殺汝於亭中如蒙生全當手刃相裂安深奇其壯節卽解械更與美談表其言辭解釋郡事徵浮還京師免歸鄉里太守劉寵

舉就孝廉光祿奉肹上就爲主事病卒後漢書獨行傳并注祀鄉賢萬歷志

孝子楊威少失父事母至孝常與母入山採薪爲虎所逼自計不能禦於是抱母且號且行虎見其情遂弭耳而去水經漸江水注○案嘉慶志據府志孝行增包全傳云全善養以孝聞其所居處曰孝聞嶺今攷正統萬歷康熙三志孝義傳均無包全且後漢書孟嘗傳載孝婦事不言包氏正統志始云包全女萬歷志始有因以所居稱孝聞嶺之說府志誤以孝婦事屬包全嘉慶志仍其誤今刪

朱雋通鑑作儁字公偉會稽上虞人也少孤母常販繒爲業雋以孝養致名爲縣門下書佐好義輕財鄉閭敬之時同郡

周規辟公府當行假郡庫錢百萬以爲冠幘費後倉卒督
責規家貧無以備售乃竊母縉帛爲規解對母既失産業
深恚責之售曰小損當大益初貧後富必然理也本縣長
山陽度尚見而奇之薦於太守韋毅稍歷郡職後太守尹
端以售爲主簿熹平二年端坐討賊許昭失利爲州所奏
罪應棄市售乃羸服閒行齎數百金到京師賂主章吏遂
得刊定州奏故端得輸作左校後太守徐珪舉售孝廉再
遷除蘭陵令政有異能爲東海相所表會交阯部羣賊並
起牧守輭弱不能禁又交阯賊梁龍等萬餘人與南海太

守孔芝反叛攻破郡縣光和元年卽拜儁交阯刺史擊斬梁龍降者數萬人旬月盡定以功封都亭侯徵爲諫議大夫及黃巾起公卿多薦儁有才略拜爲右中郎將持節與左中郎將皇甫嵩討潁川汝南陳國諸賊悉破平之進封西鄉侯遷鎭賊中郎將時南陽黃巾張曼成餘黨更以趙宏爲帥衆十餘萬據宛城儁與荆州刺史徐璆等合兵圍之不拔有司奏徵儁司空張溫上疏曰臨軍易將兵家所忌宜加日月責其成功靈帝乃止儁擊宏斬之賊帥韓忠復據宛拒儁儁鳴鼓攻其西南賊悉衆赴之儁自將精卒

五千掩其東北乘城而入忠乃退保小城乞降諸將欲聽
之儁曰兵有形同而埶異者昔秦項之際民無定主故賞
附以勸來耳今海內一統唯黃巾造寇納降無以勸善而
更開逆意使賊利則進戰鈍則乞降縱敵長寇非良計也
因急攻不剋儁登土山望之顧謂張超曰吾知之矣賊今
外圍周固內營逼急乞降不受欲出不得所以死戰也萬
人一心猶不可當況十萬乎不如徹圍并兵入城忠見圍
解埶必自出自出則意散易破之道也既而解圍忠果出
戰儁因擊大破之斬首萬餘級南陽太守秦頡殺忠餘衆

復奉孫夏爲帥還屯宛儁急攻之司馬孫堅率衆先登拔宛城夏走儁追至西鄂精山又破之復斬萬餘級賊遂解散明年春遣使者持節拜儁右車騎將軍振旅還京師更封錢塘侯加位特進以母喪去官起家復爲將作大匠轉少府太僕黑山賊褚燕寇河內詔儁擊却之累遷河南尹時董卓擅政見儁外甚親納而心忌之關東兵起卓議移都儁輒止卓卓雖憚儁然貪其名重乃表拜太僕以自副儁被召不肯受拜因曰國家西遷必孤天下之望以成山東之釁臣不知其可也使者曰召君受拜而君拒之不聞

徙事而君陳之何也雋曰副相國非臣所堪也遷都非計事所急也辭所不堪言其所急臣之宜也由是止不爲副卓後入關留雋守洛陽雋潛與山東諸將通謀東屯中牟移書州郡請師討卓徐州刺史陶謙上雋行車騎將軍遣精兵三千助之餘州郡亦有取給董卓聞之使其將李傕郭汜等數萬人屯河南拒雋雋逆擊爲傕汜所破雋自知不敵留關下不敢復前及董卓被誅傕汜作亂雋時猶在中牟陶謙與諸守相共奏記推雋爲太師因移檄牧伯欲以同討李傕等奉迎天子會李傕用賈詡策徵雋入朝雋

乃辭謙議而就徵復爲太僕謙議遂罷初平四年代周忠爲太尉錄尚書事明年秋以日食免復行驃騎將軍事持節鎮關東未發會李傕殺樊稠而郭汜又自疑與傕相攻長安中亂故雋止不行留拜大司農獻帝詔雋與太尉楊彪等十餘人譬郭汜令與李傕和汜不肯遂留質雋等雋素剛即日發病卒子晧亦有才行官至豫章太守後漢書本傳資治通鑑御批通鑑輯覽元至正間祀鄉賢正統志

三國吳

樊正上虞人與山陰祁庚咸代父死罪三國志虞翻傳注引會稽典錄

魏騰字周林祖父朗騰性剛直行不苟合雖遭困偪終不迴撓初爲孫策功曹以迕意見譴將殺之士大夫憂恐計無所出策母吳夫人乃倚大井而謂策曰汝新造江南其事未集方當優賢禮士捨過錄功魏功曹在公盡規汝今日殺之則明日人皆叛汝吾不忍見禍之及當先投此井中耳策大驚遽釋騰素與吳範同邑相善孫權時騰又有罪權責怒甚嚴敢有諫者死範謂騰曰與汝偕死騰曰死而無益何用死爲範曰安能慮此坐觀汝耶乃髡頭自縛詣門下使鈴下以聞鈴下不敢曰必死不敢白範曰汝有

子邪曰有曰使汝爲吳範死子以屬我鈴下曰諾乃排閤入言未卒權大怒欲便投以戟逡巡走出範因突入叩頭流血言與涕竝良久權意釋乃免騰騰見範謝曰父母能生長我不能免我於死丈夫相知如汝足矣何用多爲騰歷歷山潘陽山陰三縣令終鄱陽太守三國志吳範傳并注又吳妃嬪傳引會稽典錄

卓恕字公行上虞人恕爲人篤信言不宿諾與人期約雖遭暴風疾雨雷電冰雪無不必至嘗從建業還家辭太傅諸葛恪恪問何當復來恕對曰某日當復親覲至是日恪

欲爲主人停不飲食以須怨至時賓客會者皆以爲會稽建業相去千餘里道阻江湖風波難必豈得如期須臾怨至一座盡驚太平御覽引會稽典錄

魏遷上虞人初無名爲宜都太守虞忠所稱與吳郡陸機終皆遠致爲著聞之士三國志虞翻傳注引會稽典錄○案舊志隱逸忠烈傳有嵇康嵇紹今攷魏書王粲傳時又有譙郡嵇康文辭壯麗好言老莊景元中坐事誅注引虞預晉書曰康家本姓奚會稽人先自會稽遷譙之銍縣改爲嵇氏取稽字之上山以爲姓一曰銍有嵇山家於其側遂氏焉並不言康爲上虞人郎晉書嵇康傳云其先姓奚會稽上虞人言其先則康之爲銍人章矣中散父子之賢不賴郡縣志以傳郡縣志記其鄉之先賢亦不必攀附中散父子今並刊落又案嘉慶志文苑傳吳時增顧榮云榮號文歎博學善文時蔡邕讀榮所

作深嘉歎之人遂號元歎攷晉書顧榮傳榮字彥先無志所云事惟榮祖雍三國吳志傳注引吳錄曰雍字元歎言爲伯喈之所歎故以爲字焉嘉慶志竟以晉誤爲吳雍誤爲榮元歎誤爲文歎吳郡人誤爲上虞人謬妄已甚今特刪之

晉

魏隱字安時會稽上虞人兄弟少有學義總角詣謝奉奉與語大說之曰大宗雖衰魏氏已復有人歷義興太守御史中丞弟遏黃門郎世說新語并注

張誎舊志引作張叟字彥成上虞人也與同鄉舊志引作同邑丁孝正相親相親舊志引作善葬送過制誎書難之曰吾聞班固善楊孫之

省葬惡始皇之飾終（舊志引作飾容）夫倮以矯世君子弗爲若乃據周公之定品依延州而成事取中庸以建基獲美（舊志引作善）稱於當世不亦優哉（太平御覽引會稽典錄○案御覽葬送四引典錄在汝南先賢傳條後備稿誤作先賢傳今正）

南北朝

魏温仁上虞人（大清一統志）齊廢帝永元元年冬詔誅尚書令新進司空徐孝嗣（南史帝紀）衆人懼無敢至者唯温仁奔赴以私財營喪事當時稱之（南史徐孝嗣傳）

案舊志南北朝鄉賢傳羅列王謝諸賢今或改入流寓或從刪削說詳寓賢傳下

唐

沈朝字憲忠其先霅溪人自其祖父避世至虞遂家焉朝大隱不仕泯跡逸民習古敦素不趨非類嘗開通世財以益其業卒年六十三葬寶泉鄉進士胡不干誌其墓據新出土沈府君墓誌銘增

葉再榮虞南寶泉鄉人性端直輕財好施名行爲衆所推元和始載鄉人苦歲旱無備再榮謂銅山之北谷嶺之陽有泉不竭可以爲湖乃率里人創建深一丈周迴四百餘步溉田三頃曰銅山湖嗣是南畝無憂再榮訓子業農嘗

以節省隨時無妄破費爲誡卒葬孝敬里據虞簡葉處士墓誌銘張岳銅山湖記增

李汾上虞人嘗入四明山讀書太平御覽○案沈朝卒於寶歷元年葉再榮開成間人李汾則無時代可攷故先沈次葉而以李汾殿焉

案吾虞唐代向無人物惟杜光庭錄異記云越州上虞縣過江二十餘里南寶寺路側有鄭注母墓初元和中寺有女家人與村民石生通有一兒十餘歲時有客僧姓鄭遊止寺中將去因姓鄭氏僧以方書伎術教之又別遇方士頗精游藝交謁王公因遂榮達太和中除鳳府節度使坐事誅即鄭注也據此注實虞人然新舊唐書均作絳州翼城人且注與李訓以謀誅宦者不克死事雖正大史稱詭譎陰狡究非正士故不采入今特補沈葉及李汾三傳雖事蹟無多亦聊存一代遺獻云

上虞縣志卷六

列傳二

上虞縣志卷七

列傳

人物

趙必蒸子艮坡孫友直　艮坦友沂　艮堎　倪森

竺均　陳策　黃楠　王介

余元老已上宋　張存義　張彥　張岳

姚天祥　顧圭子諒　俞文珪　王發

徐繼文　徐昭文　魏壽延已上元

宋

周元吉字元之號繼宗據周氏譜建隆時人嘗搆亭於縣治南山巔望突不煙者亟餽以粟歿即葬於此山之南鄉人義之因名長者山其後孫發復修祖德捨爲寺基徙居東溪

萬歷志

張寶號欽其擁貲巨萬性好施與遇貧乏輒貸之不責償田租僅收其半值大饑悉發家中米令鄉里每晨人給半升又煑粥以食餓者不繼復往台州糴數百斛米以振之鄉民全活甚衆凡橋梁道路傾圮者捐貲與修無算嘉慶志

張達字廷厚輿之子幼工文詞及長勇於爲善虞西近江地窪下數苦潮患達捐貲募工築塘於曹娥江口兩山間以捍之潮不爲厲塘之內爲沙湖達復築堤一帶瀦湖水以濟運河又洪山畈田高運河丈許水不能蔭達割已田

百餘畝爲湖曰洪山湖民咸稱便沒而鄉人思其德立廟祀之至今不廢參用嘉慶志

劉承詔唐襄公德威之後德威五世孫愉避黃巢之亂自河南徙居上虞至承詔十世同居者四百餘人內外無間言和氣致祥下及犬彘一犬不至衆犬不食號孝義劉家熙甯中趙抃帥越嘉之聞於朝詔旌其門免傜役以寵異之抃爲作義門記萬歷志

李光字泰發家五夫市童穉不戲弄父高稱曰吾兒雲間鶴其興吾門乎親喪哀毀如成人有賻者辭之及葬禮皆

中節服除游太學登崇甯五年進士調開化令有政聲召
赴都堂審察時宰不悅改知常熟縣朱勔父沖倚勢暴橫
光械治其家僮沖怒風部使者移令吳江光不爲屈改京
東西學事司管句文字以師禮見劉安世於南京告以所
聞於温公者曰學當自無妄中入光欣然領會宣和五年
召爲太常博士遷司封員外郎時因星變首論士大夫諛
佞成風妄引荀卿有聽從無諫諍之說以杜塞言路又言
怨嗟之氣結爲妖沴王黼惡之徙知桂州陽朔縣安世聞
光貶遺書偉之會李綱亦以論水災去國居義興光伺於

水驛自出呼曰非越州李司封船乎留數日定交而別明年召爲司勳員外郎遷符寶郎金人入汴徽宗已有東幸意當國者不知計所出光慨然謂爲今之計惟傳位東宮則敵氣自沮欽宗受禪擢右司諫首論宦官譚正梁方平喪師辱國梁師成結交蔡京王黼表裏蒙蔽罪皆當誅又奏東南財用盡於朱勔西北財用困於李彥天下根本之財竭於蔡京王黼名爲應奉實入私室乞依舊制三省樞密院通知兵民財計與戶部量一歲之出入以制國用選吏考核使利源歸一金人圍太原援兵無功光言三鎮不

當議割乞詔大臣別議攻守之策仍間道遣使檄兩河東北盡起强壯策應首尾掩擊遷侍御史抗斥時論主安石者蔡攸扈衛上皇還欲因緣入都光奏攸若果入百姓必致生變萬一驚犯屬車之塵臣坐不預言之罪望早黜責時已葺擷景園爲甯德宫太上皇后欲入居禁中光奏禁中者天子之宫正使陛下欲便温凊奉迎入内亦當躬禀上皇下有司討論典禮乃始移居甯德宫金人逼京城朝臣委職去者五十二人罪同罰異士論紛然光請付大理公行之太原圍急奏乞就委折彦質盡起晉絳磁隰潞威

勝汾八州民兵及本路諸縣弓手俾守令各自部轄其土
豪士人願爲首領者假以初官應副器甲協力赴援仍大
修京城守禦之備以伐敵人之謀又請擇清强官置司追
攝朱勔田園第宅及曲意阿奉之胡直孺盧宗元陸寘王
仲閔趙霖宋晦等並根勘沒入其貲其有强奪編户産業
者還之李會李擢復以諫官召光奏蔡京復用時會擢迭
爲臺官禁不發一語金人圍城與白時中李邦彥專主避
敵割地之謀乞寢成命不報彗出寅艮閒耿南仲輩皆謂
應在外夷不足憂光疏爭之責監汀州酒稅高宗即位擢

秘書少監除知江州未幾擢侍御史告以道梗不赴建炎
三年車駕移蹕建康除知宣州光以宣密邇行都乃繕城
池聚兵糧籍六邑之民保伍相比謂之義社擇其健武者
統以士豪得保甲萬餘號精練軍又栅險要二十三所謹
戍之釐城此爲十地分巡內外晝則自便夜則守城有警
則戰苗租歲輸邑者悉命輸郡初議言不便及守城之日
贍軍養民迄賴以濟事聞授管內安撫許便宜從事進直
龍圖閣十一月杜充以建康降金人奪馬家渡統制王璞
王瑊素不相能至是擁潰兵告城外索鬬光親至其營諭

以先國家後私讐皆感悟解去時有水軍叛繁昌逼宣境光遣兵援擊出賊不意遂宵遁進右文殿修撰光奏金人雖深入江浙然違天時地利臣已移文劉光世領大兵赴州併力攻討乞速委宣撫使周望約日水陸並進潰將邵靑自眞州擁數百艘剽當塗蕪湖光招諭之遺米二千斛靑喜秋毫無犯四年三月巨寇戚方殘廣德五月遂圍宣州光亟設方略招潰卒於郊野厚待之以爲用戚與其副並馬近城指畫攻具光以一書傅矢射副馬前言戚乃凶寇天誅必加汝爲將家何至附賊二人相顧曰此間我也

攻稍緩始得爲備詔遣統制巨師古劉晏率兵救之晏戰
死師古以中軍大破賊賊遁去當危時嘗寘匕首枕匣中
與家人約曰城不可必保若使人取匕首則我必死汝輩
亦俱自戕無落賊手光誓以死守故將士用命賊遁而城
全尋除徽猷閣待制知臨安府紹興元年正月除知洪州
固辭提舉臨安府洞霄宫除知夔州甫至郡擢吏部侍郎
光奏疏極論朋黨之害議論之臣各懷顧避莫肯以持危
扶顛爲己任駐蹕會稽首尾三載淮甸咫尺了不經營長
江千里不爲限制惴惴焉日爲乘桴浮海之計陛下根本

之地莫如建康其險可守者有六江甯鎮鋼砂夾采石大信蕪湖繁昌皆與淮南對境宜豫屯兵積粟命將士各管地分調發旁近鄉兵協力守禦乞明詔大臣參酌施行時有詔金人深入諸郡守臣相度或守或避令得自便光言守臣任人民社稷之事固當存亡以之若豫開遷避之門是誘之遁也願追寢前詔上欲移蹕臨安被旨節制臨安府見屯諸軍兼戶部侍郎督營繕事光經營撙節不擾而辦奏蠲減二浙積負及九邑科配以示施德自近之意時戚方已歸節制拜於庭下光握手勉以忠義勿因前事懷

疑戚謝且泣尋兼侍讀因奏金人內寇百姓失業爲賊本非獲已尚可誠感自李成北走羣盜離心儻因斯時顯用一二酋豪以風厲其黨必更相慕效以次就降擢吏部尚書大將韓世清本苗傅餘黨久屯宣城擅據倉庫調發不行光請先事除之乃授光淮西招撫使光假道至郡世清入謁縛送闕下伏誅除端明殿學士江東安撫大使知建康府壽春滁濠廬和無爲宣撫使時太平州卒陸德叛光多設方略盡擒其黨秦檜既罷呂頤浩朱勝非並相光議論素與不合言者指爲檜黨落職奉祠尋復寶文閣待制

知湖州除顯謨閣直學士移守平江除禮部尚書光言兩浙自冬及春雨雪不已福建湖南諸路旱荒流丐滿路盜賊出入乞選臺諫察實良吏招撫責監司按貪贓恤流殍會江浙欲推行交子法光言有錢則交子可行今已椿辦見錢若干則目今所行關子已是通快何至紛更此不過議者欲欺陛下使陛下異時不免欺百姓也降除端明殿學士守台州俄改温州劉光世張俊連以捷聞光言觀金人布置必有主謀今已據東南形勢彼方遠來利於速戰宜戒諸將持重以老之不踰時食盡則勝算在我矣除江

西安撫知洪州兼制置大使八年擢吏部尚書十二月除
參知政事同郡從政郎楊煒聞之曰此吾鄉先生也今得
位必盡行所學時和議既定檜以光有人望欲藉之同押
榜以息浮議請於帝用之煒上書光責以附時相取尊官
墮黠虜姦計隳平時大節光初謂可因和爲自治之計故
署榜不辭及檜議徹淮南守備奪諸將兵權光始極言和
不可恃備不可徹檜惡之光復折檜於帝前曰觀檜之意
是欲壅蔽陛下耳目盜弄國柄懷姦誤國不可不察檜大
怒光遂求去帝曰卿昨面斥秦檜舉措如古人朕退而歎

息方寄卿以腹心何乃引去光曰臣與宰相爭論不可留章九上乃罷知紹興府十一年冬檜風中丞万俟卨論光陰懷怨望與孫近朋比安置藤州藤州守臣以光詩有諷刺者獻於檜檜怒令言者論之再貶瓊州光在瓊嘗作私史其仲子孟堅爲所親陞升之言之升之訐其事秦檜命兩浙轉運副使曹泳究實泳言孟堅省記父光所作小史語涉譏訕詔光遇赦永不檢舉移昌化軍時紹興二十年也二十五年檜死始量移郴州二十八年以南郊赦恩復左朝奉大夫二十九年還至江州卒嘉泰會稽志作蘄州年八十三

續志作八十二孝宗即位復資政殿學士謚莊簡宣城人立祠祀之淳熙初賜廟額曰褒烈初光在鄉里聞趙鼎南遷頗戚戚謂鄉人曰若光得謫命即日青鞵布襪行矣卒蹈其言及再涉瘴海處之怡然在瓊寓居雙泉蘇軾所嘗游也自號轉物居士日講周易一卦因著易傳十卷文集四十卷神仙傳十卷萬歷志作兵略十卷行於世元至正間從祀鄉賢子孟博孟堅孟珍孟傳皆知名士光嘗語其子云汝輩居家惟是盡一孝字居官惟是盡一廉字他日立朝事君惟是盡一忠字但守得此一字一生受用不盡又曰凡後生所至

處且須從賢士大夫游李氏家學如此孫知新知孝知退曾孫復衢並登進士爲顯官世濟其美女適潘畤曹粹中畤傳見寓賢粹中字純老定海人宣和六年進士釋褐黃州教授秦氏欲因莊簡見之粹中辭焉私語婦曰尊公其能終爲首揆所容乎已而莊簡果被出嘆曰吾媳吾壻粹中自是隱居終秦之世未嘗求仕莊簡退著讀易老人解說粹中箋詩各以所長治經據宋史本傳兼參嘉泰會稽志寶慶續志續資治通鑑御批通鑑輯覽并正統志萬歷志宋元學案

孟博字文約紹興五年進士第三人及第光貶嶺南孟博

嘗隨侍召試館職亦力辭竟卒於瓊州自登科未嘗一日出仕聰明强記爲文精於楚詞享年不永人甚惜之寶慶續志

孟堅字文通少以果毅力學見稱於里之先輩光謫嶺南會有告其家有私史孟堅竟坐罪除名竄峽州檜死始復故官爲常州晉陵丞葉衡力薦於朝有旨就差知無錫縣甫及歲諸司以治績聞孝宗命召赴行在暨入對上問及家世又以治效之美形之褒語即除知秀州遷提舉淮東常平茶鹽事乾道五年卒年五十五寶慶續志祀鄉賢正統志

孟珍字文潛善行草當時得其簡牘人皆珍藏之嘗擢守

江陰及沿海制置司參議官皆不赴淳熙十一年卒年五十六寶慶續志

孟傳字文授光謫嶺海才六歲奉母居鄉刻志於學徐度賀允中汪應辰張孝祥諸公皆器遇之曾幾妻以其孫龍大淵黜爲浙東總管知孟傳爲名門子解后必就語孟傳正色辭之幹辦江東提刑司易浙江常平司母喪免調江山縣丞棄去監南嶽廟行在編估局未上改楚州司戸參軍單車赴官公退閉戸讀易郡守部使者不敢待以屬吏徐積墓在境內蕪没既久加葺之修復陳公塘有灌溉之

利知象山縣守薦爲邑最從官多合薦之主管官告院與同列上封事請詣北宫又移書宰相遷將作監主簿丞相趙汝愚初當國適大祲遣按視江池鄂三大軍所屯積粟道除太府丞既復命汝愚去國孟傳面對言比以使事往返四千里所過民生困窮衣食不贍根本既虚形勢俱見保邦之慮宜勤聖念時韓侂胄連逐留正及汝愚太府簿吴璹與侂胄有連因言臺諫將論朱熹孟傳奮然曰如此則士大夫爭之鼎鑊且不避兼考功郎復因對言國家長育人才猶天地之於植物待其既成而後足供大厦之用

今士大夫皆有苟進之心不稍有以扶持正飭之其敝將甚又言武舉及軍士比試專取其力臨敵難以必勝唐世取人由步射弓弩以至馬射各以其中之多寡爲等級宜采取行之侂胄嘗致意孟傳謝曰行年六十去計已決不敢聞也由是出知江州獄訟止息復知處州遷廣西提舉刑獄改江東提舉常平移福建詔入對首論用人宜先氣節後才能益招徠忠黨以扶正論故人有在政府者折簡問勞勤孟傳逆知其意卽謝曰孤蹤久不造朝獲一望清光而去幸矣對畢卽出關至閩大饑發廩勸分民無流莩

侂胄誅遷提典刑獄移江東又辭丞相史彌遠其親故也
人謂進用其時矣卒歸使節角巾還第再奉祠以倉部郎
召又辭遷浙東提典刑獄未數日申前請章再加直秘閣
移江東不赴主管明道宫進直寶謨閣致仕性嗜書至老
不厭藏書數萬卷悉置左右每得異書手自校勘多識典
故及前輩出處中朝舊事歷歷能道其本末嘗誡子孫曰
安身莫若無競修己莫若自保守道則福至求祿則辱來
嘉定十二年卒年八十四有磐溪集宏詞類稾左氏說讀
史雜志記善記異等書行世據宋史本傳寶慶續志

知退登進士第正統志紹定元年知浦江縣專以教化爲治民立祠祀之金華府志官至刑部侍郎卒祀鄉賢正統志

知微字中甫光之孫行也紹興三年知甯海縣治行異等以善詩名栩社壇鑿新泉功施後世及卒孫應時作詩挽之據台州府志名宦傳孫燭湖集增○案燭湖挽詩云赫赫中興佐英風想大門世家今萬石一代合推尊光孫有知新知孝知退則知微當爲莊簡孫行又曰圭玉身無玷春風物自熙里社成鄒魯交游不惠夷又曰發軔期行志鳴琴最得民誰爲良吏傳吾欲表斯文又曰書卷平生事篝燈靜夜分紹鈞奏韓柳黼黻補卿雲與台州府志知微傳事蹟相符確是一人但史稱光紹興二十九年卒年八十三孟博紹興五年進士及第而知微知甯海縣則云紹興三年是時光年尚五十七孟博尚未第不應知微早仕如此疑紹興或是紹定之譌

李衎寶慶時人善攷據宋景文祁嘗著筆記一編以釋俗考古雜說析爲三門衎指其可疑者七條如以骨朶爲胍肫而云朶爲菜字之譌以鮑照作昭爲諱而云唐避武后之諱以牛耕爲始漢過而云冉耕字伯牛古犁字文亦從牛以楱爲開而反合而云爲郁李以臣瓚爲于瓚而云酈道元水經注稱薛瓚以朴樕音而云祁所預修之集韻實有蒲候匹角二切以卯本柳字而云實古卿字所摭多中其失論者稱爲博雅據宋景文筆記李衎跋及四庫全書提要黃學士日損齋筆記

纂○案莊簡曾孫有復衢正統志載衢登紹定五年進士第官至運使判府助田歸學養士卒祀鄉賢衎當是復與

衢之昆季行故
附諸李傳後

竺簡字文甫十歲能文十五歲登大觀己丑進士廷試第三人徽宗奇其才尚南陽公主政和二年劉太后擅政有流星之變簡上疏諫上嘉其忠晉太子少保出鎮浙東宣和二年使遼有功封淮甯伯裔孫甡字如初諸生亦以能文稱嘉慶志○案嵊縣志寓賢竺簡傳後隨駕南渡卜居虞江高宗素稔其賢累詔徵之不起遂隱於剡以山水自娛卒葬焉是簡於吾虞亦屬流寓舊志入鄉賢今姑仍之

豐治其先四明人清敏公稷之孫清敏卒後葬會稽子孫有家上虞者治遂爲虞人建炎三年高宗駐蹕淮揚金人

入境治時監轉般倉死於難紹興十一年詔褒其忠錄子
誼爲將仕郎據嘉泰會稽志豐清敏遺事附錄萬歷志
誼字叔賈一字宜之父治死節維揚誼方四歲金人棄之
道旁能語人以姓名母購得之七歲能屬文以父蔭補將
仕郎監潭州南嶽廟通判盱眙知建康軍又知常州罷郡
還家御史以上聞歷知台饒蘄衢等州紹熙元年除戶部
郎中句外提典福建刑獄十二月浦城盜張海作亂詔誼
捕之明年除湖南轉運判官會臺臣有引年之議誼首抗
章請祠詔從之後以朝廷搜召故老除爲吏部郎中卒贈

通奉大夫鄞縣志作通議大夫誼立朝以直節著同列畏之歷官所至政事文章爲時取正元至正間祀鄉賢子有俊有儀舊作友俊友儀今據絜齋集改有儀仕修職郎嚴州司戶參軍據宋史光宗本紀正統志萬歷志鄞縣志○案光宗紀紹熙元年十二月浦城盜張海作亂詔提典刑獄豐誼捕之舊志作隆興當是紹熙之譌提典刑獄已在光宗時則後之搜召故老必非孝宗故據正史易之有俊字宅之登紹熙元年進士第正統志初任宣州參議官鄞縣志通判隆興府袁燮東湖書院記歲大疫挾醫巡閭委巷窮閻開察其致病之源授以藥全活者衆郡人德之袁燮建昌軍藥局記創建東湖書院館四方名流區處周悉復設南昌新建二

邑社倉袁爕洪都府社倉記知建昌軍捐錢三百萬創藥局兩區改
副浙西轉運擢淮南安撫使鄞縣志嘉定六年知眞州時旱
甚計口賑卹之置贍軍莊創防城庫增置陶冶爲城守計
復浚河築土城立小學於學宮民爲立祠揚州府志復知揚州
金人南侵力戰卻之改守鎮江卒官貧甚朝廷給賻錢得
歸葬鄞縣志○案正統志云仕至吏部郎中朝議大夫直顯謨閣累贈太中大夫有俊輕財重
義袁爕豐宅之祭文少時登青樓偶見小倡疑故人女累目之女
亦悟酒罷留宿女入曰豐官人識妾否詰之果故人女因
曰某所以留者以坐間不敢問也汝且退必有以處汝有

俊故與京尹王佐有契明日以白尹且云某僅有錢百千從公更貸二百千嫁之尹嘉其誼即取入府厚奩具擇良士嫁焉（行營雜錄）子雲昭仕廣西經略雲昭孫稌稌子昌傳皆篤學潛德克紹家風（正統志）

存芳字公茂稷元孫爲太平州倅（舊作太平縣倅今正）德祐元年（舊誤景炎據宋史改）元兵至知州孟之縉（舊作知縉據宋史改）謀以城降存芳諫不聽詈之之縉遂引元兵屠其家同死者十八人卒方義竊其八歲孤禮長於民間傳至曾孫淯甫洪武中以賢良薦仕至監察御史（兩浙名賢錄）

趙善傅字商弼楚王元佐六世孫建炎初年十六隨父不抑趙氏譜不抑爲文州防禦使授武顯郎子五善修善僅善傅善儀善信通志府志作孟傅誤舊志稱武顯不詞易之官池陽道遇寇執不抑索金帛善傅以身翼蔽謂賊曰甯殺我勿傷吾父賊揮善傅數刃通志府志作砍武顯今從舊志及趙氏譜衣裂而體不傷賊相顧曰此孝子也釋之而去善傅嘗謂人子不可不知醫集古方書盡得其要人以疾告必盡誠救療任明發二州刺史贈武翼郎謚貞孝弟善信清苦自立官監行在車輅院亦以孝稱據正統志萬歷府志趙友直趙氏家集○案趙氏家集云與父不抑扈蹕南渡寓虞等慈寺後正統志云避難家上虞據此當入流寓今以通志府志入鄉賢仍之趙

氏之後有錢孝子興祖

興祖字國材吳越忠懿王之後自父節家上虞興祖少類成人長探理學事親孝母疾二年不愈醫藥且匱膚體不惜及終貧不能葬孺子泣者五年既葬有白鳥千百集墓木上二大鶴巡行墓旁百日而後去人以爲至孝所感任士林錢孝子墓誌銘○案孝子生嘉定癸酉卒至元己卯實帝昺祥興二年舊志誤列趙善傅前通志誤作元人今正

龔生失其名伉健有智略建炎初金兵渡浙江次上虞所至焚掠民皆竄山谷間生獨攘臂諭里人李氏伍氏郭氏曰虜將屠吾邑吾屬雖力不敵有死而已遂募民之果悍

者得數百人迎縣令丞依險要自固分署隊伍整兵環向以待之金兵至生出其不意驅衆先登嶺嶠投石擊之且率衆薄金軍軍驚却斬其將殺傷甚衆生亦戰死參用正統志兩浙名賢錄

貝欽世字聖羡登紹興二十四年進士爲衢州西安尉調湖州武康丞居官廉介太守王十朋表薦之改知江陰首以利民爲意縣有運河綿亘數十里溉田甚廣積久湮廢欽世諭鄉民浚治之民爭捐金助費不踰月開積土二十九萬四千餘丈不費公家錙銖郡聞於朝詔增秩授建康

府簽判以疾卒於家贈節度使元至正間祀鄉賢子龔慶

湻熙五年進士勅爲建德軍節度使曰卿老成練達德宇

淵靜又屬舊治吏士服習卧護諸將無以踰卿蓋父子爲

宋世名卿云萬歷志○案正統志欽世無贈節度使龔慶但言爲廣德軍教授萬歷志云云不知何據今姑仍之

杜褒字伯稱世居虞以篤行著紹興末帥府湯岐公史魏

公交薦於朝再命以官嘗尉崇安力變不舉子之俗治獄

無一夫之冤遇大利害密禆其長罷行之陰德不可勝計周必大潛光堂記

孫邦仁字育伯觀文殿學士其先餘姚人祖昶自姚遷虞之西溪湖濱邦仁與姪應時宣教郎主管建昌軍俱留心理學嘗構亭於左右山巔曰富春亭淳熙中朱文公游始甯過訪焉相與契洽遂寓其家注書考證講學於亭上文公所著大學中庸章句或問有參訂之功至明其後有師魯者嗜學好古綽有祖風與盧同范仲達盧英以詩文相切劘吏部郎中葉砥爲作富春亭記以彰不朽萬歷志○案淳熙舊志作治平今從楊彝泳澤書院碑記改正又傳中所云多有失實辯見寓賢傳

潘友端字端叔畤之子登淳熙甲辰進士爲太學博士從

張南軒游超然有得南軒稱其務實近本嘗勉以玩味論
語細讀伊川易傳自步步踏實地近進勿貪慕高遠又與
朱子講學甚善其說所交皆理學名宿一時樓攻媿孫燭
湖多與往還著有四書辨義經義與朱子問答子升孫爲
文公幼壻孫伯度官錢塘令
友恭字恭叔友端弟爲江淮宣撫使幹官從朱晦菴游深
造理趣朱子嘗以敬之一字萬事根本涵養省察格物致
知種種功夫皆從此出與書敦勉又言禮記與儀禮相參
通修作一書乃可觀令友恭暇日成之與孫應時善孫稱

其篤志近思朝夕從事著四書經義與朱子問答子履孫爲江陵倅亦從朱子游孫伯廣伯廣子昌簽判常州皆克世其家案二潘舊志無傳今檢樓攻媿集送潭丞上虞詩云邑有李與豐況復居二潘尚友更從游問學加研鑽潘氏鄉望實埒李豐惜遺文散失無徵謹據南軒集朱子文集燭湖集寶慶續志五夫里志增補且二潘講學適與邦仁同時故列孫後又案潘氏自畤遷虞友端友恭已爲虞人杭州府志以畤爲上虞人宋元學案以友端友恭爲金華人均有未安今以畤入寓賢而列友端友恭於此

袁評字嘉言以薦授承議郎始寍鄉都察司官値歲歉遵朱熹社倉法行之人賴以全活紹興簽判王十朋薦陞國子書庫大使光宗久不朝重華宮評與少監孫逄吉百餘

人請帝問疾不許時內使離間兩宮許獨守正不阿遂謝事歸朝議以韓蘇首畀金人且復秦檜爵謚許曰兩人開金人隙誠有罪何至函首軍前爲國家羞賊檜爵謚始以公議革今乃復之媚敵可乎感憤成疾卒萬歷志○案宋史職官志承議郎階從七品官左右正言太常國子博士無官都察司者且並無此名須朱子社倉法於四方在淳熙辛丑見朱子文集十册簽判紹興府郎擢第之歲在紹興丁丑相距二十四年不應先遵行朱子社倉法後爲王簽判薦陞梟韓侂胄首畀金復秦檜爵謚在嘉定元年距紹興丁丑已五十一年約計其人壽當八九十矣孫逢吉請帝問疾史無許名書庫監官不稱大使事都可疑正統志無傳萬歷志不知何據撰此今姑仍而不刪

杜思恭字敬叔祁國正獻公七世孫弱冠登淳熙十四年

進士第授高郵尉尋遷吉州左司理參軍平反寃獄民服其神值歲饑發粟振民全活萬數官滿解任民遮留者數千後除韶州平樂令卒於官時執政周必大楊萬里並以國士期之萬里表薦於朝曰學貫六經文師兩漢可備顧問同郡陸游亦服其學有根柢未罄所藴而卒人爭惜之據燭湖集

劉基撰傳

楊次山字仲甫恭聖仁烈皇后兄也其先開封人曾祖全以材武奮靖康末捍京城死事祖漸以遺澤補官仕東南家於越之上虞次山儀狀魁偉少好學能文補右學生后

受職宮中次山遂露恩得官積階至武德郎后爲貴妃累遷帶御器械知閤門事句祠除吉州刺史提舉佑神觀后受册除福州觀察使尋拜岳陽軍節度使后謁家廟加太尉韓侂胄誅加開府儀同三司尋進少保封永陽郡王南郊恩加少傅充萬壽觀使致仕加太保授安德軍昭慶軍節度使改封會稽郡王次山能避權勢不豫國事時論賢之嘉定十二年卒年八十一贈太師追封冀王宋史本傳謚惠節新定續志子二人本傳谷字聲之新定續志官至太傅保甯軍節度使充萬壽觀使永甯郡王本傳○后妃傳作新安郡王謚敏肅新定續志石

字介之乾道間入武學以恭聖仁烈后貴賜第慶元中補承信郎差充閤門看班祗候尋帶御器械嘉泰四年充賀正旦接伴使時金使頗驕倨自矜其善射石從容起挽弦三發三中的金使氣沮嘉定改元除揚州觀察使知閤門事進保甯承宣使久之授保甯節度使提舉萬壽宮奉朝請進封信安郡侯十五年以檢校少保進封開國公甯宗崩宰相史彌遠謀廢皇子竑而立成國公昀命石與谷白后后不可曰皇子先帝所立豈敢擅變谷石凡一夜七往反以告后終不聽谷等拜泣曰內外軍民皆已歸心苟不

從禍變必生則楊氏且無噍類矣后默然良久曰其人安
在彌遠等召昀入遂矯詔廢竑爲濟王立昀是爲理宗授
開府儀同三司充萬壽觀使時寶慶垂簾人多言本朝世
有母后之聖石獨曰事豈容槩言昔仁宗英宗哲宗嗣位
或尚在幼沖或素縣撫育軍國重事有所未諳則母后臨
朝宜也今主上熟知民事天下悅服雖聖孝天通然不早
復政得無基小人離間之嫌乎乃密疏章獻慈聖宣仁所
以臨朝之由遠及漢唐母后臨朝稱制得失上之后覽奏
卽命擇日撤簾進石少保封永甯郡王以壽明慈睿仁福

三冊太后寶進至太傅石性恬澹每拜爵命必力辭恭聖祔廟除太師兄谷疑於辭受石力言曰吾家非有元勳盛德徒以恭聖故致貴顯曩吾父不居是官吾兄弟今偃然受之是將自速顛覆耳矧恭聖抑遠族屬意慮深遠言猶在耳何可遽忘乃合疏懇辭至再三不受及屬疾除彰德集慶節度使進封魏郡王卒年七十一贈太師本傳諡忠憲新定續志

瓚字嗣翁號守齋又稱紫霞本鄱陽洪氏恭聖太后姪石之子麟孫早夭遂祝爲嗣時數歲往謁史衛王王戲命對

云小官人當上小學卽答云大丞相已立大功衞王大驚喜以爲遠器瓚廉介自將一時貴戚無不敬憚氣習爲之一變洞曉律呂嘗自製琴曲二百操又常云琴一絃可以盡曲中諸調當廣樂合奏一字之誤瓚必顧之故國工樂師無不嘆服以爲近世知音無出其右者仕至司農卿浙東帥以女選進淑妃贈少師所度曲多自製譜後皆散失周密浩然齋雅談○圖繪寶鑑瓚字繼翁次山之孫度宗朝女爲淑妃官列卿好古博雅善琴倚調製曲有紫霞洞譜傳世時作墨竹自號守齋

鎮字子仁自號中齋恭聖皇后姪孫節度使蕃孫之子景

定二年選尚周漢公主擢右領軍衛將軍駙馬都尉明年
拜慶遠軍承宣使進節度使德祐二年元兵逼臨安進至
皋亭山謝太后詔鎮及楊亮節俞如珪爲提舉奉益王廣
王走婺州以圖恢復二月元丞相伯顏入臨安遣范文虎
將兵趣婺召鎮以王還鎮得報即去曰我將就死於彼以
緩追兵亮節等遂負王走温州三月恭帝北去鎮與謝堂
等皆行鎮平居少飲喜觀圖史書學張即之工丹青墨竹
在邸王員大夫間藴藉可觀凡畫賦詩其上卷軸印記清
致異常用駙馬都尉印據宋史瀛國公本紀公主傳續資治通鑑圖繪寶鑑纂○案趙甸撰

楊四將軍傳子樾字梓仲宋甯宗后叔也封和陽郡王奉命帥兵守禦駐屯曹江元兵入越子樾與甥趙遂艮力戰不利共死曹江子樾當是次山之父行然傳稱會稽人不敢臆斷爲虞故附錄於此

劉漢弼字正甫上虞人生四歲父昌齡卒程許劉忠公墓誌銘作四歲史誤二歲今正母謝氏撫而教之嘉定十年登進士甯宗本紀賜進士第在十年本傳作九年舊志作七年均誤今正調吉州教授累官太常少卿以戶部侍郎致仕宋史本傳於吉州教授下繁敘歷官無關要義刪之漢弼居今學古明辨義利初爲正字因詔言事極論致菑弭菑之道爲校書郎輪對舉蘇軾所言結人心厚風俗存紀綱又論制閫當復其舊戎司當各還其所邊郡守當用武臣又論決和戰以

定國論合淮江以壹帥權公賞罰以勵人心廣規模以用
人才爲著作佐郎言兵財楮幣權不可分又言取士之法
詞學不當去宏博字混補不如待補之便爲著作爲考功
員外所陳皆切於時務及爲監察御史理宗奬諭之曰以
卿純實不欺故此親擢宜悉心以告漢弼以臺綱久弛疏
三事曰定規撫正體統遠謀慮首論給事中錢相巧於迎
合睥睨政地直學士院吳愈不稱其職罷去之又劾中書
舍人濮斗南左正言葉賁疏留中不出賁爲時相史嵩之
腹心有使賁互按者明日賁有他命而漢弼出知温州湆

祐四年理宗以嵩之久擅國柄患苦之乃黜劉晉之王瓚龔基先胡淸獻四不才臺諫以漢弼爲左司諫漢弼首贊理宗曰拔去陰邪庶可轉危而安否則是非不兩立邪正不並進陛下雖欲收召善類不可得矣理宗嘉納之時詔嵩之起復漢弼又密奏曰自古未有一日無宰相之朝今虛相位已三月尚可狐疑而不斷乎願聽嵩之終喪亟選賢臣早定相位理宗乃命范鍾杜範並相百官舉笏相慶漢弼之力爲多又言金淵劉晉之鄭起潛濮斗南陳一薦韓祥項容孫葉賁王德明林光謙等皆附麗嵩之爲之腹

心盤踞要路公論之所切齒遂詔罷淵政餘各貶官有差理宗嘗屬漢弼以進人才退而條具以奏皆時望所歸重漢弼每以姦邪未盡屏汰爲慮未幾感末疾遂卒特贈四官謚曰忠時杜範入相八十日卒徐元杰與漢弼相繼暴死太學生蔡德潤等叩閽上書訟寃詔給官田五百畝緡錢五千恤其家表所居坊曰忠諫崇祀鄉賢子怡以蔭爲婺州太守亦以直諫聞據程許劉忠公墓誌銘宋史本傳續資治通鑑萬歷志纂○案宋高斯得耻堂存稿滄州先生奏議序稱刑部尚書眉山程公名許字季與宋史作程公許字季與公字當衍又昌言多出諸賢之後有感一首詩云近者梧桐鳴多出芝蘭秀杜李倡其前原註杜清獻之子淵李竹之子務觀劉胡繼其後原註劉侍

御漢弼之子胡據此知怡
許事夢昱之子
亦能直諫不墜忠公之風

漢傳字習甫漢弼從祖弟年十一父昌宗卒少孤力學弱冠貢於鄉以祿弗逮親絶意仕進沈潛伊洛之旨往見雲源何先生得建安二蔡易洪範之學先生授以奥旨且勉之仕年四十六登寶祐丙辰進士主黄梅簿三仕至監都進奏院陛對條列廣聖學闢異端伸直氣恤民隱四事遷司農丞守南康知吉州咸有善政兼江西提舉時大江失險金兵逼郡境人心震揺漢傳嚴設警衛簡精鋭遮要害民賴以安制書嘉獎除直寶謨閣被黄萬戸遽奏免之給

事中王應麟黃鏞連疏力薦詔仍舊職知處州陞直文華
閣兩浙運使聞命懇辭除吏部郎官尚書右銓進司農卿
致仕自是閒居十一載篤學守道嘗著止善集通鑑會評
洪範奥旨若干卷臨終索筆書生爲宋臣死爲宋鬼樂哉
斯邱兆足行矣之句遺二子遂瞑年七十六兄漢儀以特
奏教授明州調鄞縣丞亦受業於何雲源先生得建安蔡
氏之學能深究體用以其所得著止善篇兄弟並祀鄉賢
據王應麟劉司農漢傳行
狀兩浙名賢錄正統志
趙必蒸字進伯楚元王九世孫沈靜好學嘗從劉漢弼游

凡經史百家靡弗淹貫咸淳乙丑與子良坡孫友直同登進士出守嘉禾以清愼節制稱辭歸讀書南山之谷號南谷老人後聞漢弼以諫鴆死遂往説趙與懽上言請卹其家沈奎補稿

良坡字深甫趙氏譜作吉甫良坦兄淳熙乙丑進士守禦廣州爲元兵生獲欲降之不屈元將義之放歸隱西溪雪水稱雪水先生踰年元將思其賢復索而得之欲薦於朝良坡終不屈怒目詈罵元將令左右刃之良坡大呼曰我得死所矣遂伸頸受戮萬歷志

亘坦字平甫亘坡弟寶祐二年進士知永嘉瑞安福清並以廉介名會吉廣二王走閩中以亘坦爲軍器監簿贊軍事於是募兵守禦元兵南指力屈就擒帥脅之不肯降繫獄中二年作書付其家曰試令三載無愧於心守節二年不屈於敵只因忠義二字累及老稚一門今惟死而已帥歸自南泉詰其不屈之狀則曰生爲宋臣死爲宋鬼速求一死遂欣然就戮人皆壯之祀鄉賢子友沂以學行聞萬歷志

亘埈字祥甫亘坦弟寶祐二年成進士授儒林郎任瑞州

軍事判官疏劾奸相賈似道專權誤國不報挂冠歸作自責第以見志蓋自責其登第而終無以匡君也後宋亡壁間題句云三北誰人知管仲五湖何處覓陶朱遂飄然遠遁不知所終兄弟並祀三忠祠沈奎補稿

友直字益之艮坡子博極羣書咸湻元年與祖父同登進士授修職郎官桐川簿令八年丁內艱祥興元年父艮坡死節冒刃歸葬西溪牛眠山手植三樟廬墓終隱遂自號曰牛山子沈奎據趙氏譜增所居有視清亭戒子孫世勿仕元其子季忠季恕薄元不仕後至正間有舉艮坡鄉賢者二子

不從曰吾祖生既恥食元粟歿豈享元祀蓋有祖父遺風焉萬歷志艮坡傳

友沂字詠道性至孝嘗父艮坦被囚時年十二日從省視饋食飲出入白刃間無所怖及遇害哀痛幾絶遂扶柩從海道歸遇颶風舟幾覆友沂呼天大慟曰我父以忠義死不得生歸將不得死葬乎風乃息服闋後卜居阜李湖之濱歌詠自娛以終其身沈奎補稿

倪森字彥林其先有名該者從高宗南渡倅越州金人犯越扈駕航海還居虞之賀溪數傳至森當理宗朝見時事

日非挫廉逃名甘老泉石性寬仁好施海內賢豪樂從之游四明名士張卽之以書法擅當代寶祐間過訪爲書大學經文於所居門廡萬歷志

竺二均字平之簡之後據竺氏譜少嗜書尤精兵略恭宗時樞使張世傑薦均偕兄端應奇材聘詣闕忤廷臣航海議遂還山杜門兀坐徧閱方書製藥博施乞必與與必效遠近呼爲竺九相公會元將伯顏平浙知均名特以文武全材疏薦再徵不屈使命三至乃託爲射獵披髮縱酒騎健騾臂鷹牽犬往來天台四明間人莫之識時仙居有巨蟒伏巖

穴觸人畜草木輒死雷震不克均挾彈彈之中其腦蟒狂躍以斃噴毒四散均遂殂於縣上里人肖像祀之行省中丞聞於朝詔封靖林侯嘉慶志

陳策字次賈家邑中潛心典籍詞翰俱美晚以工駢儷受知於馬裕齋姚橋州薦授中訓郎主管制司機宜文字有堂曰不礙雲山戴表元有記二子長曰自次特立俱有文名正統志

黃楠號東園居士居東門性孝弟刻志問學善誘後進不喜聲利惟優游林壑二子和中爲餘姚學正得中爲沿海

制置司幹辦官俱有文名事邑名士馬申之周伯玉其學尤粹世稱秋畦梅間二先生正統志

王介字萬石家孔堰學博行修司教臨海天台並著教績萬歷志

余元老字壯猷通覽百家詞章優贍爲後進模範年八十餘卒子茂艮亦有父風萬歷志

案陳策以下諸人著述事蹟無甚可紀舊志有傳不便刊削最錄原文統附於後

元

張存義字仲瑞號近川父文輔仕宋歷官吏科給事中龍

圖閣直學士初存義隨父從軍塞外元世祖見之愛其魁
梧頗有欲婚意及文輔卒存義歸里娶尹氏生二子宋旋
亡至元庚辰有司以賢才薦授中書召見降以哈哈國公
主存義辭以尹氏新亡不允遂尚焉泰定初陝甘叛命存
義討平之天歷元年出爲遼東安撫使明年六月卒於官
尹氏生二子德玉泰州同知德潤蔭陝西甘州衞指揮使
公主生三子後皆隨順帝北去據張氏譜宋濂張公近川傳○案元史公主表云元
室之制非勳臣世族及封國之君則莫得尚主存義一宋
遺民安有尚主事且元史之修潛溪親爲總裁旣爲存義
作傳則尚主事宜載公主表内何以佚而不書但張氏譜
所載駙馬事確鑿可據且宋濂撰傳在洪武己未去修史

時己後十年或未及載入
姑從傳疑之例存而不删

張彥字漢賢胸有四乳美丰姿天資穎悟善飲酒微醺即吟詩未嘗屬草恒偃卧林下人以曠達目之答曰子誠俗士不識山間有明月乎家世以貲雄於鄉至彥不治生產聚書充棟當至正間四方騷擾賦役繁興彥曰奈何爲田賦累耶遽割膏腴畀願受者因日事吟咏時方國珍聚衆海島浙江右丞帖木兒南臺御史左答納失利領命招諭彥詣行臺上書曰當今天下可謂大亂如人病入腑臟四肢俱敗所喜者脈與病對誠得名醫投以良劑漸有可起

之理否則死不旋踵矣二人得書再四稱曰賽銀賽銀者華人所謂絕妙也卒不見用嘉慶志

張岳字中之少有大志負異才經史之外旁通兵歷醫卜兼善騎射元季仗劍游四方偶謁明太祖於池州曰此眞人也足定天下矣遂歸隱後至金陵値元夕題詩云中天月照三千國聖主龍飛十八春捲甲已無征戰地看燈都是太平人太祖微行見之命以文學徵用不起有青城集行於世萬歷志○案嘉慶志文苑傳載張起巖元史起巖傳其先章邱人後徙濟南與吾虞絕不相涉舊誤今删

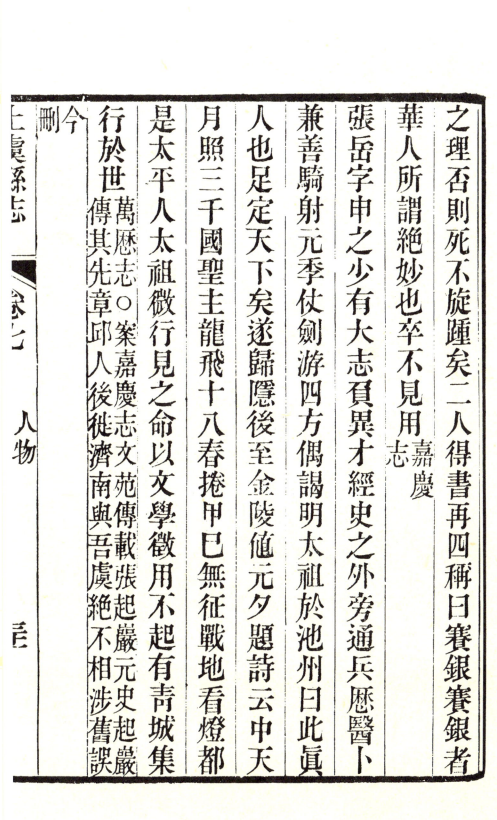

姚天祥字應甫任江淮提舉涖職廉勤未幾乞歸優游林壑尚義好施嘗創存義精舍以教鄉族子弟築望煙樓晨起望無煙火處亟振以穀置惠民藥局有患病者卽與善藥不受其直歲大祲出貲賠八縣鹽麥二稅郡守高其義樹碑府堂後以示褒美萬歷志○案姚氏譜天祥仕元江淮提舉舊志入宋今正

顧圭字君玉楊鐵崖古樂府作珪少負奇氣見義勇爲及壯有設施爲鄉里所倚重至正間鄞寇方國珍侵上虞行樞密院邁里古思守越帥兵拒之圭團結鄉兵以應時有邵甲素强暴聚羣不逞掠鄉里圭率團兵殄之竄入方氏爲向導圭

復與戰於曹娥江上衆寡不敵遂遇害里人瘞尸江岸爲風濤蕩析而塚獨完越七月其子謀反葬啓視面如生次日地盡爲江人咸異之子諒楊鐵崖古樂府作亮字希武圭被害時年十五每有推刃報仇之志而未獲遂輒揮涕哽噎楊鐵崖爲作虞邱孝子詞以悲其志明洪武初薦爲無錫教諭篤學好古倜儻仗義號西村先生有省已錄行世參用府志萬歷志及楊鐵崖古樂府徐一夔顧君墓誌湧幢小品

俞文珪字漢章諸生以優行入太學弟文煥爲郡胥獲罪法當刵母韓素愛少子聞之慟幾絕文珪百計營救不得

一日跪請母曰兒暫詣郡弟不出兒不歸矣母泣而許之直造吏庭請以身代吏以非故事不許泣曰兄無代弟理我以母故弟出而母生代母非代弟也竟得請被刑偕弟歸入門已不能語但張目視母而已嘉慶志

王發字景回事親孝父病供湯藥大父汝舟爲武剛軍教授多藏書發頴敏能盡讀之間有訛闕必訪求補緝完治他若禮樂刑政至天地萬物虞初稗官之言可以補國家稗名教者輒類而錄之總若干卷存於家嘗賦續騷以自命或聘爲師則辭曰堂有親在忍違膝下乎願從者至其

家踵相錯所陶鎔啓迪多名士發揍人直而不倨和而不流大書忍貧二字於屏築友樵齋於楊梅峰間固窮樂道以終其身萬歷志引危素記

徐繼文字彥章至治三年任鄞縣教諭天性粹和志趣傑儻每以作成人材爲己任凡秀民髦士必以禮下之率欣然慕其高誼相與講習時拔其尤而上之郡學歲八月史駉孫程端禮薛觀俱獲薦於江浙省闈郡咸喜其教之有成繼文家世儒雅祖夢麟宋咸湻間亦膺辟薦云鄞縣志引

陳昭翁貢士姓名記

徐昭文字季章家世業儒案正統志載昭文父有傳字習曾由慈溪縣儒教除處州路慶元尹以松江府判致仕歸田於學養士祀鄉賢之末從韓莊節性讀尚書試藝不售杜門力學後應解爲吳淞教官以朱子通鑑綱目趙納齋續成尚欠詳謹乃反覆訂定補漏正誤著考證一書行世後學賴之據萬歷志及通鑑綱目考證自序○案繼文任鄞教在至治三年昭文叙攷證云至正己亥相距三十五年繼文當在昭文之先又魏仲遠敦交集有徐以文用章則文惟章想皆能文士亦當是昭文昆季行然事蹟不可攷矣

魏壽延字仲遠唐鄭公二十四世孫世居夏蓋湖上繞屋植萬竹兄仲仁弟仲剛名弜並嗜奇好古仲遠尤工詩一時

賢士大夫過上虞者必造所居集倡酬之什爲敦交集其人則淮南潘純錢唐沈惠心陸景龍永嘉李孝光高明天台陳廷言毛翰朱右諸暨陳士奎起章剡王璛公玉會稽王冕竹齋陳謨仲嘉唐肅處敬山陰陳敬白雲趙俶本初餘姚鄭彝元秉張克問九思徐本誠存敬宋僖无逸上虞徐士原仁初嚴貞宗正俞恒時中徐以文用章則文惟章又有于德文釋宗泐李延興戴艮淩彥翀大抵同里者十之七宋濂爲作見山樓記　國朝朱彝尊爲搜補集詩乾隆府志引毛西河集

上虞縣志卷七　　列傳三

上虞縣志卷八

列傳

人物

劉履 惟善 諫 鵬 珩附　薛廷玉 子文舉 孫常生

王榮三　伍建　張思敬　葛貞 范文煥 姚輯

張程 趙肅　陳山　葉砥 孫綬 曾孫冕　何文信

俞尚禋　俞誠　謝肅 弟忠　嚴震

吳克剛　陳時舉　柳南　夏時

貝秉彝　葛啟 曾孫滂 滂子柟　張居傑 弟居彥　張峕 族父輝

謝澤　范清　林釗日本附　羅瑾子澄

俞正儀　陳金　陳以行　陳禧偉　志甯

管祐之　郭南　趙誠鍾億　張欽若夏巖　葉魁六

丁仕卿　俞繪　陸淵之　潘府

許璋

明一

劉履字坦之宋侍御史忠公四世孫戴良風雅翼序。舊志作五世孫誤幼聰敏家貧無貲就傅長讀忠公遺書即苦學講解諸經尤邃於詩書元至正初編寫忠公奏議請序於金華黃溍溍爲文序之且勉以力學勵行歸値朝廷纂修遼宋金三史履具忠公任官行事上之以史官傳文不悉遂著忠公年譜一卷天下大亂避地邑之太平山自號草澤閒民謝肅撰行狀補註選詩八卷補遺二卷續編五卷通號曰風雅翼戴良序。案行狀作十四卷蓋并補遺上下卷爲一卷也入明屢以材薦不就洪武十二年冬徵天下博學老成之士明史本紀。舊志作十六年誤行狀作十二年秋詔求天下博學之士今據明史正之浙江布政使强起之至京師見太祖於奉天殿賜宴親試將授官以老辭給寶楮若干貫爲東歸費未行而疾作手書四言詩云受中以生性命惟始昌以保終動靜斯理再更世途若涉淵水跬步弗循百行愆已孰尼予行孰使予止邈哉聖賢道則在邇命既衰矣沒吾甯矣啟體全歸無愧素履已而擲筆遂卒於會同館（行狀）履窮居學道淵源闞閫（顧存仁重刻選詩序）不得行道濟時獨留意於著述（曾日章風雅翼序）有草澤詩稿三卷藏於家（行狀）祀鄉賢（萬歷志）從弟惟善族兄弟子鵬諫

惟善字叔寶元末天下大亂隱居教授篤學修行鄉黨稱爲白衣相公洪武二十年以薦擢富川知縣（楊士奇撰行狀）與學校勸農桑恤孤寡旌善癉惡綽有政聲監察御史王文榮

奏保旌異之未幾卒於官富川縣志惟善爲政廉明歷任四載
署無私蓄卒之日貧不能殮士民爲捐棺擇地瘞之縣治
之右兼祀名宦行狀
鵬字翼南少不慧入山習靜久之胸中豁然日能誦書一
鍼嘗從履學輒以道學自任洪武間由秀才應制科赴京
召試除禮部郎中遷臨江府推官陞知府拜禮部右侍郎
太祖以鵬爲人鯁直授漢府典寶使輔漢王多所匡諫以
被誣死後漢王敗檢鵬諫疏上之賜䘏甚厚萬歷志鵬清修
可尚能篆楷畫宗高彦敬正統志精於染翰嘗作雲山圖人

競珍之畫史會要工詩著有風雅翼述翼南詩集萬歷志

諫字正言性頴悟從履游洪武間膺薦授靈川縣事魏驥撰行狀。舊作永樂中今據行狀縣逼猺俗號難治諫開誠布公先教後刑民皆自悔黎弁撰傳以艱去民挽留遮道服闋陛刑部郎中民詣闕懇復任既抵靈川室家相慶行狀又以艱去民復請歷任九載教化大行萬歷志尋調永春改知常熟所至聲稱不减靈川行狀卒於官士大夫思之有哀頌集萬歷志時人稱爲清白循吏黎弁傳曾孫珩字文鳴成化戊戌進士知浦城縣沈敏有決斷守諫清白繩奸民養髦士後兩補太平望江

所至皆有最績祀浦城名宦萬歷志

薛廷玉天性至孝博學善文遭元季絶意仕進家居養親曰吾以是終矣母常患風攣跬步莫移卽溲便必躬自扶持母殁哀毁殊甚不數月復喪父葬祭不踰禮廬於墓側行臺御史慶童知廷玉善事親書孝思二大字嘉之子文舉字才用幼聰明一目數行下九歲能屬文有聲儒林廷玉嘗遣受學於御史中丞劉基禮部尚書錢用壬二公邃於春秋文舉承其指授充然有得洪武初邑大夫聘爲弟子師與其徒日夕講論經史磨礱造就出其門者皆爲名

士十一年以文學薦召爲太常博士陞禮部主事以內艱去官遂卒著有納齋遺稿孫常生萬歷志字士容永樂丙戌進士以母老不敢行遠陳請當道乞就本邑教諭至則嚴立條約朋舊皆畏憚之歷陞吏部郎中宏治府志常生孝如其祖母疾晝不遑食夜不解帶至欲以身代嘗督北征餽餉有功覃恩及親色喜甚有老僕知其爲庶出之子生母早喪嫡母養之乃言曰主亦知有生母乎備言其狀卽驚哭仆地遂設主衰經晨夕哭奠如初喪竟感疾卒人稱薛氏世孝云萬歷志

王榮三膂力過人洪武初從潁川侯傅友德克取普安曲靖攻大理屢建奇功至鶴慶與賊對壘奮勇陣亡世襲興隆衛百戶貴州通志

伍建洪武初進士慷慨有大志以言事謫貴陽工詩文所著有木菴詩集貴州通志

張思敬字叔寶洪武初以人材薦不就强起之乃自劾曰敬有母在堂不能養苟來就祿愧李密多矣人品旣壞何用人材數辭乞歸許之嘉慶志

葛貞字原艮有至行不涉聲華好樓居庋文籍以自愉詩

有晉唐風書法王右軍而氣貌清恭萬歷志嘗登樓望南山以陶靖節悠然見南山之句因署其號曰悠然人稱悠然先生胡敏撰傳洪武時累以經明行修聘不就著有悠然集萬歷志

子啓肇啓自有傳肇與從兄興隆俱徵聘不赴敦行嗜學有悠然風貞之友曰范仲彰姚孟曦仲彰名文煥舊作范彰據王直墓銘改好學能文從四明桂彥良受詩經墓銘洪武初與貞同徵不就萬歷志永樂元年縣南黃路溪蝗生按察僉事林公至虞委仲彰捕之仲彰禱於神不數日蝗無遺類鄉人德之墓銘六年復以薦辟至京師以老疾辭歸館閣諸公祖

道東門外贈詩文盈篋有守拙稿行於世萬歷志孟曦名輯
少力學不爲經生言嘗游長安秦川洞庭建業釣臺諸勝
探奇弔古見之歌詠被徵不就姚氏譜作永樂中張鑑薦經明行修不就栖遲
四明泉石間與原艮葉履道諸賢善姚氏譜作與族兄孟徽相唱和孟徽名軫
永樂中同兄平舉人材繼舉茂才異等並不就以山水文
籍自娛著有閒詠草和唐音及說杜五言律各若干卷
著有守齋詩稿姚氏譜作二十卷文彩葩流嗣響晚唐萬歷志永樂
間以賢艮薦不就者又有張程程字孟津早孤兄弟四人
長爲貴州吏目卒於官二弟且幼痛母無依遂絕意仕進
日以承顏養志爲事撫二弟並有成立處己應物各得其

平人稱平軒先生萬曆志趙肅者隱人也字敬賢天資謹厚篤於孝友不干榮進居白馬湖山間愛樹梧竹顔其楣曰竹梧深處人望之蒼翠蓊鬱知非凡境稽考經史喜爲聲歌賢士大夫樂與之游謝肅竹梧深處記

陳山字伯高與仲彰交最篤陳英秋江捕魚圖詩序洪武辛未傳作丙子誤山與劉翼南許士昇劉鵬守拙編序以賢良徵陳英序仲彰遠送於娥江之滸劉鵬序山持秋江浦魚圖以留別陳英序後翼南爲禮部郎中士昇爲太常少卿劉鵬序山知廣東瓊山縣守法不阿門無私謁嘉慶志賢聲藉藉嶺海間爲邑民搆誣執

至京法曹辨其枉抵誣者罪山仍還舊任以疾卒於京邸

上聞賜棺以葬陳英序入祀名宦嘉慶志山襟度瀟灑文彩煥

然發爲詩文若畫尤清新妙絶陳英序

葉砥字周道更字履道葉綬撰行狀有學行萬歷志洪武辛亥進

士除定襄丞行狀時當大兵後境內蕭然砥撫綏有方流亡

復集大清一通志乙卯坐累謫涼州砥處之泰然日杜門爲學

更號坦齋又號尋樂士大夫謫居者多宗之守將西甯侯

宋晟延至家塾爲師王直撰墓誌銘建文元年下詔求賢萬歷志劉

鵬等以史才薦起爲翰林院編修又有言其堪任風憲者

復陞廣西按察僉事砥用法平恕獄無寃滯嘗出按郡縣至遷江會峒獠出沒爲害吏民洶洶欲遁砥卽命料丁壯立保伍併力禦之寇以有備卒不敢至墓誌銘永樂初坐書靖難事多微辭被逮籍其家一統志惟薄田敝廬故書數篋事白復官仍與史事書成改考功郎中萬歷志會修永樂大典砥爲副總裁稽經考史無不愜當仁宗在東宮擇儒臣侍講論砥與焉以之引年求去不許墓誌銘以老請郡得饒州知府砥在饒虛心延訪悉民利病而興除之萬歷志郡故有磁窰銅冶而丁調不減他郡砥爲力言於布政司得減

四之一有婦代前夫訟子蓋欲貲其後夫秖窮詰之以母子不忍爲詞秖曰爾不忍悖其父而從人耶婦慚伏由是無理者不敢至其庭訟簡刑清民歸德焉墓誌銘年八十餘卒於官饒士民巷哭罷市萬歷志所著坦齋集十帙行狀孫綬字叔章永樂甲午江西鄉貢授應州學正儀觀清癯學問該博尤善古篆饒州府志曾孫冕字拱辰正統乙丑進士授南京刑部主事萬歷志景泰辛未擢知松江府鋤强植弱民畏服之時連歲饑饉冕悉力賑救賴以全活者甚衆明一統志府有澱山湖其半屬崑山界湖堤壞莫修冕覘爲一體築堤

萬餘丈崑山人感愧陞山東參政進山西左布政使晉都察院右副都御史萬歷志　所至有聲一統志　初晁在松江樂其土風買第秀野橋西居之歿葬北錢里萬歷志。案北錢府志誤作比錢一子早亡松人咸悼惜之乾隆府志

何文信洪武四年進士萬歷志選舉　知漢州縣才堪涖政卓有能聲四川通志　改建州歷官福建參政分守漳州居官清白惠澤洽民入福建名宦漳州特祠萬歷志引彰善錄

俞尚禋字漢遠萬歷志　洪武五年鄉舉正統志　授本邑訓導崇文講學百廢具舉遷江西布政使參議廉介清直人不敢

干以私(見嘉慶志選舉表)精於翰墨且善丹青閒戲作枯木春草自有一種天趣絕無畫家蹊徑(萬歷志方伎)

俞誠字崇眞慷慨有大節善談兵洪武六年癸丑詔停科舉命吏部訪求賢才劉基薦誠爲刑部主事會星變詔求直言誠論胡惟庸恣肆爲奸又言漠北既去天心無盡絕之理窮兵北伐恐有後悔詞甚切直忤太祖意謫戍雲南大理衛後惟庸伏誅宋訥亦言窮兵遠擊不如屯兵守備太祖善之於是有以誠前事爲言者召還授刑科給事中敕有事必奏會丁父艱歸未終制卒(沈奎補稿)

坐字當書大字而下論字連而坐論海內乃

謝肅字原功自幼強記捷識敏於學問比壯經史百家皆搜抉鉤擢毫分縷解戴良密菴文集序目無不見之書兩浙名賢錄坐論海內事若囊之出物無所不有列朝詩集小傳嘗與山陰唐肅齊名時號會稽二肅大清一統志又與臨海陶宗儒會稽陶肅等一十九人以詩名於時號稱皇明雅頌見臨海縣志嘗一試浙江鄉闈輒謝絕場屋戴序至正末宣城貢師泰以戶部尚書漕粟閩廣詩傳肅抱其遺經戴序謁於吳山仰高亭靜志居詩話師泰一見即待以奇士已而同泛大海相與朝夕論辨一意古學刮磨淬厲訖爲閩人戴序張氏據平江肅慨然欲見

宰相獻偃兵息民之策又欲薦名有司入對大廷一吐胷
中之奇以圖國家大利師泰爲文送之欲其察時變愼出
處不可降志辱身以就富貴且引伊尹太公不輕自用與
夫操瑟齊門以誠勉之卒無所遇師泰没於海甯之寓舍
肅經紀其喪內附後歸隱於越洪武十九年舉明經歷官
福建僉事詩傳與按察司陶垕仲協持風紀明一統志劾奏布政
使薛大昉不職寘於法出按漳泉有虎患移文告境內之
神卽日遁去詩傳聞望烜赫人稱仰之明一統志坐事被逮太祖
御文華殿親鞫肅大呼曰文華非拷掠之地陛下非問刑

之官請下法司及下獄獄吏以布囊壓死詩話肅文詞雄贍明一統志正草皆宗晉書史會要有密菴集十卷詩傳侍郎劉鵬稱其補志闕證史謬動關世教足厲風俗正統間崇祀鄉賢萬歷志

弟忠字原臣任太谷縣主簿沈奎補稿以文學政事著稱補稿引山西通志

嚴震字岳宗少聰慧年十五讀書會稽禹廟有梅梁化龍出游震作賦鎮之賦云會稽山何巍巍上有千古神禹祠棟之材不易得中建梅梁更奇特山間夜半風雨生化作老龍游八極幾時飛去亦飛來萍藻沾身人共測鐵索高懸白晝閒隱隱神光照空壁嗚呼爾之生也本靈異神物那能久留滯一聲霹靂九天鳴會見風雲起平地年

十九登洪武乙丑科進士第七人授監察御史奉命收陝西反賊有功晉刑部侍郎兼禮部尚書以才敏稱於朝一日侍御座方用扇命題扇詩矢口而成詩云不效齊紈月樣裁巧成新製勝蓬萊竹編玉骨參差合花簇銀箋次第開影拂鼇頭隨日下涼生雉尾自天來吾皇且喜京官盛滿袖春風下紫臺後以止日蝕事罷職萬歷志○沈奎日明史七卿表禮部尚書類洪永時並無嚴震名乾隆府志引戴冠志草作官至刑部尚書而七卿表刑部類亦無震名今案鎮梅粱止日蝕傳中事都近誕前志不知何據

吳克剛由賢良方正舉洪武二十二年知惠安縣寬恕愛人政令公平清操推第一二十九年述職至京卒於途百姓莫不感泣萬歷泉州府志

陳時舉字邦獻郭瀆人善讀書日誦數千言洪武丁卯薦於鄉戊辰第進士拜監察御史出按江西風紀峻峙貪吏望風解綬轉刑部主事遷員外郎讞獄多取平反中忌罷官既黜遂謝絶人事肆力於古文詞卒以舊隙逮繫謫交趾卒謝讜撰傳

柳南字南仲號南軒家學東今學東有柳衕殆即南故居也襟懷簡曠有晉人風度善吟有詩曰南軒稿年八十四卒正統志

夏時字時中自幼穎悟萬歷志博學善屬文兩浙名賢錄洪武時詔開科時將應試失明因號守黑子萬歷志題所居曰懸罄

室正統志與弟孚中自相師友萬曆志每一文成輒命筆之次而成帙曰守黑稿名賢錄葉砥錄其文行於世萬曆志○案名賢錄作時字中甫與二弟中孚中曄唱和皇明古虞詩集載時字時中弟曄字孚中正統萬曆志亦然沈奎云中孚中字當行是

貝秉彝名恒以字行永樂二年進士授邵陽知縣明史縣本傳僻而俗險前之名能治者率以嚴秉彝寬馭之而導以禮義其民感化以憂去服闋改東阿邑當南北要衝過使往還供給不絕秉彝規措有方事具而民不擾獻徵錄歲大祲上平糴備荒議成祖從之班下郡縣如東阿式明史邑西南

有濼明史作巨浸春夏水潦近濼之民恒廢耕秉彞相地高下開渠納諸大清河渠成得沃壤數千畝明史作數百頃○獻徵錄民食其利明史傍邑流徙來歸者甚衆獻徵錄尤善綜畫明史在官雖小物弗棄凡營繕所餘廢鐵敗皮朽索故紙之類悉存之工暇令煮膠鑄杵搗紙絞索貯之庫獻徵錄會成祖北巡獻徵錄作東幸勅有司建席殿秉彞出所貯濟用工遂速竣明史有薦之者徵命已下獻徵錄東阿耆老百餘人詣闕自言願留貝令帝許之九載考滿入都明史時仁宗監國特陞秩俾復任明史作詔進一階民聞秉彞復來踴躍迎拜數十里獻徵錄嘗坐累

罰役京師民競代其役三罰三代乃復官秉彝爲吏明察

而仁恕明史有死囚未決而官察其色甚戚因問有冤乎對

曰囚固無冤第身死即宗祀無繼耳秉彝哀之即令其妻

侍疾萬曆志解囚桎梏同宿獄中妻遂娠萬曆府志邑有虎患爲

文告神以驅虎虎遂遠遁嘗率丁壯從駕北征供饋餉比

還無一人失所萬曆志素善飮已仕遂已之明史在東阿十有

八年卒篋無餘資寮吏爲治其喪民哀之如失父母萬曆志

白衣冠而送者千萬人萬曆府志祀鄉賢萬曆志

葛啟字蒙吉號東軒貞之子生而骨相不凡四明袁珙善

呂負之術見即奇之曰此利用器也稍長補邑弟子員事親待弟克盡孝友永樂戊子徵修大典書成拜陝西道監察御史上疏言事帝嘉納之復命督沿江葦薪密擒僞御史陳善等犯宣德間以言事忤中貴出知萍鄉縣有驅虎異政時縣廨有池發並蒂蓮士庶咸詠其德考滿還朝百姓擁道攀留復任萍鄉以疾乞辭卒年六十一李景華撰傳祀名宦見萍鄉縣志　族弟昂舊志昂作啟從弟檢諸葛氏譜啟之從兄弟行無名昂而官御史者殆同族而分支者歟永樂十六年進士亦官御史以直聲聞於時萬曆志

孫銘字用章宏治間以貢爲順昌訓導奉父母極意承歡

嘗代爲諸弟操作力行孝友因感豬之相乳當時傳誦以爲美談萬歷志附葛木傳曾孫浩滂浩別有傳滂字天恩博極羣籍早歲即有聲黌序累試弗捷因以自得之蘊淑諸後進若謝御史瑜范長史晉卿胡尹景華趙尹莘張給事承賚皆經滂指授者也滂以父母多疾尤究心醫藥遂精東垣丹溪之術試於人輒獲奇效人稱垣溪先生文徵明撰傳滂子桷字安甫嘉靖甲辰進士爲常熟令砥礪廉隅奮起事功如緝鹽盜豁坍江修治七浦皆有惠於民尤勤課士精簡拔一經鑒賞所造皆名士然賦性鯁直執法自遂卒取忤

於時投劾歸杜門讀書不與外事嘗修邑志覈實刪浮一秉於正書雖未成爲後事者取證榷實有力焉祖鍊安貧好古不爲榮進善吟詠有蚓吟稿故楠所著曰學蚓吟云萬歷志

張居傑字翰英少頴敏永樂辛卯侍父士倫從阜城從衡水趙肅雍學甲午膺京闈鄉薦明年中乙榜舊志明一統志江西通志作正統鄉舉今據墓誌改任章邱訓導署縣事蔚有政聲未幾擢吏科給事中周叙墓誌銘知無不言皆切時務萬歷志宣德四年郎中胡珏蕭翔等十一人御史方鼎三人以不職被劾帝未

信命賈諒及居傑密察之得旨悉貶官明史顧佐傳○案墓誌銘作密旨命糾察有司得不職者三十二人以名上皆抵法尋遷雲南右參議分定緬甸交侵之地禁革土吏人侵之害劾奏鎮收養義子之患民夷翕然繼陞江西參政墓誌銘軍屯田賦措理得宜人沐其惠江西通志聲譽著聞以最陞山西左布政使明一統志卒於官朝野惜之著有靑瑣集滇南集南浦稿陽上存稿若干卷從祀江西名宦墓誌銘弟居彥七修類稿作居儉字翰華永樂辛丑鄉舉張氏譜任緜縣訓導學優行修被其教者皆卓然能自樹立山西通志秩滿遷臨邑教諭再調長洲宣德壬子主浙試時稱得

士膺薦歷福建僉事張氏譜○案七修類稿作任廣西提學副使有能聲萬歷志執法不阿爲權要所忌致政歸有澹菴稿藏於家尤善篆書人珍重之張氏譜祀山西名宦山西通志初居傑居彥俱有聲當時其父農人每酒後必欲二子商枚弄色庶爲作樂居傑則正言以對父怒奔走以避居彥則應聲曰吾當與老父戲人謂一則慰親以道守正不移一則順親之心權移小德可稱兩得七修類稿

張嵩字廷瞻居傑從弟永樂癸卯舉人張氏譜授宣城教諭正統三年巡撫周忱薦知當塗題梅詩贈之詩云疏影橫斜出泮池一

壇清治再相宜彈琴卻傍青山去百里春回在此時涖任敏達勤廉政事文翰俱優興學崇儒縣治學宇譙樓驛傳橋梁道路修建一新數年政通人和吏服士化秩滿軍民師生保留不獲爲賦詩贈行後擢御史當塗縣志出守鎮江剛果有幹局先是郡麗譙爲戎司所據昏曉失度嵩奏隸有司郡學在城南隅隘陋不稱奏請遷學詔可迺度地經營以憂去後學成人文蔚興民懷其德鎮江府志天順間由泉州再知荆州張氏譜仁明廉介毅然有爲苟利於民雖叢怨不恤修廣學校獎掖後進士風丕振功名懋於鎮江時湖廣通志嵩所至多善政民皆去後

思張氏譜嘗過當塗戴白垂髫者擁道謁拜當塗縣志以風疾乞歸張氏譜卒崇祀名宦當塗縣志有簡菴稿藏於家族父輝字士素號岫雲性孝友淹貫經史著五經正義若干卷善吟詠有岫雲稿行於世卒祀鄉賢張氏譜

謝澤字時用大清一統志永樂十六年進士明史本傳授刑部主事考讞精密獄無寃滯同列服其詳慎會戶部侍郎周忱經略東南運賦薦澤爲己副居淮浙數年勞績茂著遷廣西右參政佐柳侯征蠻招撫全活者以萬計與甄完胡智皆以藩憲有聲當時稱越中三良正統十四年北寇內訌朝

廷擇才望守要害貴臣有受命者巧爲規避以澤待除闕下遂拜澤通政使提督居庸白洋等關萬歷志○明史作守備白羊口時王師敗於土木守邊者無固志明史澤單騎以往其子儼送之出境執手訣曰吾必以死報國矣既抵關上士卒方散亂不知通政爲何官無一人出迎者澤乃宣勅旨將士稍集然皆儒怯不振萬歷志未數日也先兵大入守將呂鐸遁明史澤率羸卒扼山口且拒且卻萬歷志或請移他關避敵澤不可明史曰吾受國恩三十年此豈偷生日耶萬歷志會大風揚沙不辨人馬明史得走入關駐南佛寺中門急猝不暇閉

寇突至萬曆志澤按劒厲聲叱賊遂被殺明史時僕由吉從不死乃負澤屍晝匿夜行間關達京師以死事聞萬曆志由吉傳朝廷嘉其忠萬曆志遣官葬祭錄儼爲大理評事明史曾孫元順正德丁丑進士終工部郎中萬曆志

范清字宗淵正統志以字行萬曆志幼失怙母車氏口授孝經論孟輒能記誦洪武中齠齔即詣闕背讀御製大誥三篇賜楮幣歸永樂戊戌成進士授工部主事嚴纘先撰行狀宣德元年內臺請修舊制遣御史分涖天下諸藩勾攷三司簿書以廉察其政治得失帝可其奏林誌送慕齋省祭歸上虞序○案慕齋宗淵號遂

拜宗淵監察御史巡按福建志萬歷宗淵抵閩即黜陟賢否於是貪吏聞風解印綬者相望道路羅汝敬送慕齋省親東歸序四年以蘇松常鎮四大郡事繁政弛按臨者每難其人復奏遴宗淵往宗淵寬猛得宜奸息訟簡行狀風節凜然有范青天之謠志萬歷還朝卒年四十三行狀六世孫澄清萬歷戊午登鄉薦任福建甯化縣康熙志○案舊志澄清作宗淵孫據傳宗淵永樂戊戌進士澄清萬歷戊午鄉薦不應祖孫科第相去二百年之遠今據范氏譜改正又宗淵名清清兄名澄不應以六世伯祖六世祖之名合而爲名縣志與譜均作澄清竊疑謬妄何以至此又舊志澄清字晏海范氏譜作千頃舊志有任江山教諭而譜則無譜有陞禮部儀制司主政而志則無字與官尤多不合又甯化縣志官師題名范澄清崇禎十年任以墨去與

舊志禮賢敬士輕刑緩賦民誦父母云云大相違
異范氏譜亦不爲立傳其人概可知矣今故删之

林釗字明遠元尹希元孫幼穎異博究羣籍永樂中拔貢授江西饒州府通判廉靜簡朴惠敷遠邇巡按御史賢其行特授府篆會歲凶艱食釗設法賑濟全活甚多尤勤於課士涖任六載恩覃饒士士民立碑志之及歸家無擔石處之泊如居近邑署未嘗足至公庭介節儉德有祖遺風康熙志

崇禎時有曰本字原長者亦希元後博通經術一時公卿許爲濟世才交章薦之崇禎間辟中書不就家貧楹邊隙地皆植梅人稱爲梅隱善詩歌亦工書酒酣揮翰縱

意所之其徐渭之流亞歟乾隆府志○案嘉慶志補遺載陳秉全性孝友永樂甲午由太學生考授兵部主事擢雲南某官參議屢著政績以直言忤上貶交阯通判卒攷左右參議惟布政使有之他官無不得云某官又查雲南通志職官表布政使左右參議並無陳秉全名萬歷志選舉志載陳秉由監生除兵部武選主政考滿調交阯通判名與官尤不相符且參寥數語亦不成傳今故從刪

羅瑾字懷瑾祖性中洪武中謫戍忠州父文仲以身代役永樂甲午卒戍所訃聞瑾哭絕復甦者數四親往取父骸次奉節縣之慈灘波惡舟覆同行之人咸葬魚腹惟瑾若有陰掖者扶一櫰席順流漂下守灘人鈎致沙邊見呼吸未絕救之甦乃匍匐至夔州府謁鄉先達駱同知惠衣資

得頁父骨歸葬宣德己酉中浙省鄉試明年授祁門訓導
母憂歸卒乾隆府志季父正仲事親孝與瑾父文仲友愛無間
文仲代父謫戍正仲撫諸姪如己出文仲終正仲哀泣如
服親喪張居彥撰行狀從弟懷玉隱居教授號南園抱甕居士邱錫
南園抱甕圖序子澄字景深號慎菴正統七年進士初拜行人尋
擢監察御史道經山東值水災上疏活民數萬按閩戢大
寇鄧茂七奏免濫課七萬有奇閩人有苛政猛於虎脫虐
由羅父賣劍買牛歸茲當還樂土之頌宦官陳縉王振虐
民澄禁絶之復命陳敬天法祖十二事及進賢才去僉佞

等七要法丁母憂麗川盜起藩臣請奪情責以兵事服闋赴任不戰而平奏聞賜錦衣御書以勞卒於官著有五經正解辨疑事物名數等書及詩文集數十卷據家傳

俞正儀百官里人承樂中母病革百藥不效或云取肝作羹食之能愈正儀信設齋壇於舍旁焚香然燭稽首再拜祝刀於天割右脇破二寸許取肝截之廣半寸長三倍調羹而進母飲甘之觀者環堵或贊其孝或謂之痴遂呼爲俞三痴母病稍退逾旬終卒正儀無恙說者謂實孝感所致萬歷志

邑人俞繪有傳萬歷府志

陳金字汝礪宣德中由進士任行人奉使安南厚賮以金金謂使臣義無私交峻拒不受安南人義之爲立卻金亭正統末扈駕土木金素諳天文先幾指畫贊翊良多景泰六年官廣東布政使歷朝上虞詩集作廣西左布政使清修簡約銳於興治丁外艱歸民攀留者塡溢衢巷萬歷志○案廣東通志職官表陳金任左布政使在景泰六年萬歷志云正統末與土木之難金既死難景泰時安能復官廣東或者英宗北狩金但扈駕而萬歷志遽云與難府志竟入忠節謬矣又廣東通志宦蹟列傳有兩廣總督應城人陳金無左布政使上虞人陳金萬歷志註引廣東通志亦誤

陳以行字公貫孝友性成處父母昆季中人無間言嘗築

別業於城西曰水西莊故別號西莊善屬詩與同里謝澤張輝輩往來倡和以行有詩云幽居卜築水西莊蹤跡深藏趣更長懶性已無朝市念傍人漫比卧南陽其志趣可知矣正統間詔舉懷才抱德科大冢宰蕭山魏驥連章表薦再徵不出勅賜水西莊額曰天秩書院晚年名益著大江以南士大夫無不造廬贈和者著有西莊集行於世據陳氏譜

陳禧字景福以行族弟宣德乙卯登順天籍鄉薦任泉州府同知遷荆州屬邑有激變其民者誣以謀反太守信之

將奏請剿戮潘時撰傳禧曰人命至重盍察其實已而果誣萬歷志

貴州苗民逆命朝廷使保定伯粱瑤尙書王來征之禧統五營兵親冒矢石凡七戰所向皆捷事平陞湖廣布政使左參政未幾巡撫員缺保定伯疏禧靖寇功遂命署巡撫事不數月忽掛冠士庶留之不得肖像事之潘從子偉傳

字伯魁少游京師隨禧寄籍順天中正統丁卯武闈景泰甲戌成進士授錦衣衛千戶襄陽賊劉通據南漳偉從撫甯伯朱永征之墮入重圍幾厄以雙戟衝突飛舞若神殺賊數十人解圍得脫事平陞東城都指揮司晉山西大同

總兵族子志甯字思安號靖齋與偉並隨禧寄順天籍登正統辛酉武科乙丑進士偉精於用戟志甯力舉百石弓累官都督僉事山東都指揮使已巳英宗北狩由山東撤兵護駕時也先大舉入寇過雞鳴志甯督兵禦之格戰死英宗復辟詔恤死難諸臣志甯與焉諭祭世襲錦衣衛百戶嘉慶志據陳氏譜

管祜之名祖生姿貌清徹天才穎發三四歲時其祖抱置膝教之認字日記十餘文反覆詰試無一錯訛又伸指教作八法勢畫几上曲盡其妙幼即能文善詩賦入邑庠食

籲遂著宋史斷論趙宋一代君臣賢否政治得失咸有體裁惜天不假年賫志以沒萬曆志

郭南字世南萬曆志博雅能文鄞縣志以邑掾起家初任吳江縣史築長橋勞勩甚著萬曆志既遷常熟簿郡守鍾況與撫交薦擢爲令發倉儲疏通諸浦農民貸粟止課其本設義役倉每里出米五十石遂享十年之逸著爲令尤禁鬼禨正昏喪禮修邑志常熟縣志僚屬有事於鄉令以食物隨行大清一統志虞山出軟粟甚肥美民摘以獻食而甘之乃令悉伐其樹并絕其種曰後必有以是進奉而病吾民者官常九

載居官長子孫幾與漢循吏埒（萬歷志）正統十二年以老致仕父老乞還任英宗許之（明史李信圭傳）未幾歸與老儒袁鉉袁鏵輯邑乘（沈奎補稿鉉字伯貞自稱小越山民著有雪洞文詩稿又有西潭集鏵字伯珂號雪巢）捐貲壽梓以傳（萬歷志○案鄞縣志郭南傳與吾邑郭南事同然南所修正統志具載家世居址確是虞人鄞志入之殊欠翔慎）

趙誠字一誠娶杜氏生子而杜卒誠年二十七族之長老勸誠再娶誠謝曰不聞伯奇孝己事乎吾既有子可無娶聞者高其義景泰中應貢授德安府學訓導時有同知劉英欲妻以女誠告以向意不從鰥居五十餘年無妾媵之

侍浙江通志同邑鍾億當嘉靖中亦以義夫稱於鄉萬歷府志億字萬之少好讀書篤實修潔娶陳氏生一子繹方在懷抱陳即病卒億時年三十痛其生盡孝敬不再娶撫子成立惟取適吟詠以終餘年有司請致賓席輒謝曰有老母在敢赴此宴乎與誠並年八十終萬歷志

張欽若以字行讀書有氣節洪武初族人宏尹爲縣吏坐事充武衛軍張氏遂登軍籍沒則代焉宏尹沒無嗣移文索軍其親支皆遠竄無應者欽若毅然曰人所戀戀爲家事耳吾有二弟三子無内顧憂義當行即日應命去至衛

所年餘衞長詰欽若語之故義之延爲子師閲二十有三年詔削其籍放歸時須髮已皤然矣嘉慶志邑中以義稱者欽若後曰夏巖葉魁六丁仕卿

巖字民瞻嗜學好客歲歉米直昂催科者亟巖呈請糧儲道得改折民困少甦民壯之設所以防寇盜民出其直而募於官率市井無賴充焉巖不平呈革五十餘名縣大夫才之命司水利事巖條陳上妃白馬夏蓋三湖四患曰佔田一也請佃二也漁人盜決三也玗長索錢報修四也羅衆忌困囹圄者凡之持議甚堅七鄉人德之謝讜南湖夏公墓誌

魁六家貧嘗爲人傭積傭直娶婦婦至泣然泣下詢之則里長某妻也以償逋糧不足繫獄乃鬻婦贖罪魁六郎送婦還不索値且爲代輸逋糧胡令思伸悉其故義之旌其門嘉慶志

仕卿寓杭東里坊之社教讀見會城之民憊於夫宿投牒當路謂官夫百七十名足備撥遣夜巡之役旣尸出閒架錢以召募總甲火夫而復差及保甲俾民財力兩敝請罷免事下諸司議徼巡員役以不便其私訐仕卿撓亂成法聽者不察嚴行箠楚桎梏囘虞者三矣萬歷二一年仕卿仍

至杭陳請再下兩邑議咸是之自是兩役悉除又慮歲久法弛更陳牒督府徐栻樹石垂遠錢塘陳善爲之論贊杭州府志載入義行新增

俞鵬字漢遠畫史會要能詩畫嘗膺保舉寓京師時吏部郭尚書知其能畫使人召之不赴召者曰冢宰人欲一見而不可得子何獨不往漢遠曰吾以膺薦而來今往爲之畫使他日得美除人將謂以畫得之卒不往後卒旅邸貧無所蓄鄉人爲裒金歛之明陸容菽園襍記○案浙江通志引分省人物攷列漢遠於明末查明史陸容傳容孝宗時人漢遠事已見菽園襍記其人當在容先明史吏部尚書郭姓者止正統時郭璡一人是漢遠應

屬英宗時人今故增入於此又案府志引畫史會要作俞鵬字漢遠善畫浪游京師名重公卿間性耿介時有巨璫欲薦授一官即僵卧不起其畫亦不易得興至乃寫菽園襍記雖不言名鵬核其事實當屬一人與洪武時參議俞漢遠名尚裡者別

俞繪字本素少負意氣爲父兄服里役輸糧後海時有閩寇繪統民兵有斬刈功不自叙年二十狀貌甚偉邑大夫見輒奇之曰此非凡夫補校官弟子員始習文字邑少俊以其晚學頗易之繪不校益自奮不數載薦於鄉爲養就欽訓導時郡有閻經歷者薛文清高弟也名禹錫由國子監丞以言事落職繪日與講明聖學督學陳士賢以繪有

體用之學特章表薦阻於時例弗召以年資遷崇陽學教諭身教益嚴崇陽俗信浮屠繪著開道錄率士人習文公家禮邑俗大變兩浙名賢錄陞開封府教授並有賢聲歷官三十年終於教職萬歷志○名賢錄作家居四十年未嘗苟出謁憲宗時羅倫章懋以言被謫繪在欽抗疏請以己官贖倫等罪天下壯之名賢錄嘗應聘廣東考試有懷金賄之公卻以詩又嘗貸馮生金比償時馮已物故其子珏云父未嘗貸且無券固辭不受公曰無券者以而翁知我也我不償則負翁知且負我心矣乃爲文告其墓卒償之萬歷志其孝弟友愛尤出天性

達於家邦至死無瑕釁云名賢錄祀崇陽名宦兼本邑鄉賢著有閑道錄井天集萬歷志

陸淵之字克深別號東皐髫年失父兄克鑑任鴻臚寺序班淵之侍母在京師學天順壬午領順天鄉薦成化丙戌成進士改翰林院庶吉士戊子授禮部主事車璽撰墓誌銘時贈少傅陳文卒謚莊靖淵之論文不當得美謚明史陳文傳引司馬光論夏竦事劾之直聲大振萬歷志進員外郎以憂去戊戌出守叙州墓誌銘政教兼舉士民懷德四川通志時旱暵頻仍民艱於食且俗尚淫祠瀆禮害政淵之首實倉廩積穀數

萬斛活民甚多劉忠叙郡太守陸公生祠記撤滛祠以百數墓誌銘一洗故習生祠記暇則進諸生講明理學興起甚衆寛徭省訟四境大治白羅夷氓亦帖然向化叙人立生祠祀之萬歷志宏治己酉陞河南參政省下富民田多稅少小民有產去糧存之害淵之嚴有田有租令民咸稱便辛亥轉右布政使卒於官墓誌銘先是詔科道會薦天下賢能推淵之第一會卒不召淵之篤行好古累積詩文善行草書居喪不出戶家無宿儲或干以非義固拒不納部使者移檄爲建坊淵之堅卻之曰取鄉里脂膏以爲己榮於心安乎其狷介如

此萬曆志嘗與章公德懋講道相得故得道亦深章公謂淵之有學有守志存遠大行類仲弓政希山甫殆確論也謝讜撰傳著有東皋集八卷行於世祀鄉賢萬曆志

潘府字孔修號南山自爲諸生讀濂洛諸書卽慨然有志成化丁未會試第三萬曆志○明史作成化末明儒學案作宏治辛丑誤時憲宗崩孝宗踐阼禮官請衰服御西角門視事明日釋衰易素翼善冠麻衣腰經孝宗不許命俟二十七日後行之明史孝宗素服如故朝臣服吉者皆趨出易素服萬曆志至百日孝宗以大行未葬麻衣衰経復如故明史禮官堅請從吉府毅然

抗疏勸行三年喪其略曰仁莫大於父子義莫大於君臣
子爲父臣爲君皆斬衰三年仁之至義之盡也堯舜以來
自天子至庶人率用此道漢文帝事不師古遺詔短喪景
帝苟從綱常墮地晉武帝欲之不能行魏孝文行之不能
盡宋孝宗銳志復古易月之外猶執通喪然能行於上不
能行於下未足爲聖王之達孝也先帝奄棄四海臣庶含
哀陛下至愛由衷痛切肝肺柩前卽位三請始從麻衣視
朝百日未改此一念天理之發也伏乞力排羣議斷自聖
心定爲三年之喪詔禮官博士參考載籍使喪不廢禮朝

不廢政令於古不戻於今行於上可通於下則大本以立大經以正子化於孝臣化於忠使天下萬世仰爲三綱五常之共主顧不偉哉剴切數千言親友疑懼沮以皇明祖訓勸行三年喪者斬府不聽萬歷志疏入衰絰待罪詔輔臣會禮官詳議並持成制明史禮部侍郎倪岳獨贊決之定儀注三年不鳴鐘鼓不受朝賀朔望宮中素服舉奠梓宮發紖府獨衰絰哭送衆皆目之府由是名重海內萬歷志謁選得長樂知縣教民行朱子家禮躬行郊野勞問疾苦田夫野老咸謂府親己就求筆札府輒欣然與之遷南京兵部

主事陳軍民利病七事父喪除補刑部值旱蝗星變北寇深入孔廟災疏請內修外攘以謹天戒又上救時十要（明史）凡所陳並關國體切時宜多見采納其言元世祖不宜列帝王廟木華黎不宜從祀功臣吳澄不宜從祀孔廟當時雖不用嘉靖中悉如其議行之（萬歷志）以便養乞南改南京兵部遷武選司員外郎（萬歷志作郎中）尚書馬文升知其賢拜廣東提學副使時雲南晝晦七日楚婦人鬚長三寸上弭災三術疏以母老乞休不待命輒歸（明史）會逆瑾亂政（萬歷志）吏部尚書楊一清巡按御史吳華屢薦其學行終不起嘉靖

改元言官交薦起太僕少卿改太常明史兩上疏謝因言修

明聖學中興治要惟惓惓忠愛老而不衰萬曆志既致仕歸

屏居南山明史闢南山書院聚徒講學萬曆志布衣疏食惟以

發明經傳爲事時王守仁講學其鄉相去不百里頗有異

同嘗曰居官之本有三薄奉養廉之本也遠聲色勤之本

也去讒私明之本也又曰薦賢當惟恐後論功當惟恐先

年七十三卒故事四品止予祭世宗重府孝行特予葬明史

府修正五經四書傳注及周程四子之集參互考訂爲書

二十餘種所著素言事類競傳誦之嘗識董文簡玘於髫

年妻以女玨貴猶以未滿所期爲惜後崇祀鄉賢萬曆劉志

蕺山議配享尹和靖明儒學案

許璋字半珪湻質苦行潛心性命之學白袍草履挾一衾而出欲訪白沙於嶺南王司輿送之詩曰去歲逢黃石今年訪白沙至楚見白沙之門人李承箕留大崖山中者三時質疑問難大崖語之以靜坐觀心曰拘拘陳編曰居敬窮理者予不然嘐嘐虛跡曰旁花隨柳者予不然罔象無形求長生不死之根者予不然璋亦不至嶺南而返陽明養病洞中惟璋與王司輿數人相對危坐忘言冥契陽明

自江右歸越每訪璋荼羹麥飯信宿不厭璋歿陽明題其墓曰處士許璋之墓璋於天文地理壬遁孫武之術靡不究心正德中嘗指乾象謂陽明曰帝星今在楚矣已而世宗起於興邸其占之奇中類如此山陰范瓘嘗師事之璋與潘陸諸公後先講明理學世以其精曉術數語多不傳傳璋奇行此錄其學之正者據明儒學案纂舊傳删歸軼事

上虞縣志卷八

上虞縣志卷九

列傳

人物

陳輝宗岳附 陳垌子翀 翀子邦瑞 邦瑞孫約 約子美發 達生 元瑛附

陳理聞思嚴 杜樗 姚鏜 丁潛 王進子仁 韓銑

李錦 陳大經大紀 大績 葛浩子木 木子焜 焜子曉 曉子百宜

謝忠 張文淵弟文澐 陳璠附 文津 朱文澗

朱袞弟袍見附 羅應文 徐文彪子子奎

徐斅子子忱 子恆 徐子熙子應豐 孫啟東 徐子俊父燾

上虞縣志 卷九 人物 一

徐子麟子希明　希明孫一掄　顏瞸孫洪範　洪範孫綸撰

倪鎧子應蘄　孫涑　曾孫元珙　元瓚　元璥　車純孫任遠　任重

周一鳳附　陳楠　鄭遂子舜臣　陳洙

葉經子志周　曾孫煥　謝瑜孫時康　陳紹弟維　徐學詩

明二

陳輝字文耀天順三年領應天鄉薦四年登進士授兵部主事會曹吉祥謀亂以禦變功遷員外郎成化初擢武選郎中都御史項忠在本兵薦其才可大用萬安惡輝忤己陰沮之不果時李孜省侍寵橫肆憚輝使人諭以禍福輝

正色曰陳某豈畏斧鉞哉而欲鉗吾口乎疏劾孜省攬權植黨妨賢蠹民諸大罪不報司禮監汪直坐西廠詷刺外事人咸惴惴輝與抗禮不爲屈直怒誣輝矯旨逮問下獄大學士商輅劉珝斥直申救乃免時馬政多獘牝馬每歲通淫不孕謂之飄沙養者賠駒甚苦輝與車駕陸容訪實擬行各府縣民間如有飄沙勘驗無詐以馬送驛走遞別給課馬以紓民患忌者阻焉會議征安南傳旨索永樂中調軍數輝疏陳利害劉大夏在職方匿其籍兵書余子俊力阻之事遂寢萬歷志

十六年任撫州同知爲政明達勤敏

臨川孔家橋崇仁黃州橋圮皆節義修之不勞民力江西通志尋知開封府下車訪問利病時黃河屢徙常苦徭役輝裁冗均賚民稱便未幾祥符陳留大饑首以俸餘賑二縣且勸二縣令亦出俸餘各設粥廠數十處又請撫按發常平米人各給五斗幼者半之民獲蘇郡故有書院廢久輝急爲修葺延師督課士風丕振二十三年卒於官民爲巷哭建祠祀之萬歷志○案萬歷志此傳全本陳氏譜何鑑撰傳然檢河南通志職官表成化中開封知府無陳輝名江西通志名宦則有陳輝傳此傳畧其所有而詳其所不有何耶今增補江西通志傳語而萬歷志原文姑仍其舊

從孫宗岳字維鎮博學敦古誼嘉靖二十三年廷試

天下貢士宗岳名第一授來安訓導以興起斯文爲己任日與諸生講解經義尤以實行相砥礪士風爲之丕變數年卒於官祀來安名宦嘉慶志

陳堌旺之子旺被盜鳴官爲盜誣繫獄值御史渡江堌奔控號泣曰我以死白父冤遂投江死堌子翀年十三聞父變孤身覓父屍哀慟不徹晝夜欲沈江念祖在獄中乏人扶持乃隨祖獄中納饘橐備歷危苦會郡守感夢搜牘察旺冤始得釋後旺堌翀並祀鄉賢俞府志

翀子邦瑞號西巖篤於至性初翀自救父歸痛父之死於江也諱言錢塘邦

瑞試時過錢塘輒流涕閉目不忍視嘗於西興逆旅得遺金二百餘守候其主還之遺金者詰其姓氏卒不告以國子生考授辰州府經歷先是推官胡某嘗欲坐一人以重辟邦瑞召視其人年僅二十許其坐罪在前十年事非童子所能犯遂力白其非辜胡知不可奪釋之且陽謝既而陰中以不謹邦瑞不與辨挂冠歸詩酒自娛與耆老講孝弟睦婣之義娓娓不倦年八十七卒子見宇肖宇俱諸生見宇子約字施其登天啟甲子賢書任崇明令多惠政崇明濱海民多業漁時倭寇出沒南北洋間漁無利輒與倭

冠比潛導入境竊發不時約廉得其實嚴譏察明約束躬親勸諭民不復好尋病卒於官從祀名宦嘉慶志

子美發字木生幼奇穎善屬文天啟丁卯舉人戊辰進士授翰林院庶吉士辛未陞檢討分校禮闈稱得士晉東宮日講官丁外艱特恩賜祭服闋赴都轉翰林諭德時會推閣臣廷議以非祖制事寢奉勑封藩歸里卒年三十九康熙志

美發與族父達生族弟元暎時稱陳氏三鳳達生字元解束髮即能詩苦吟無已時其父呵禁之不能止弱冠工古文詞尤肆力於詩丁甌石進倪玉汝元璐咸敬畏之數奇不售時

富春高惺一亦負奇才慕其人延爲子師朝夕唱和題詠幾徧性嗜酒醉後矢口狂吟旁若無人性耿介有巨紳某求其文以壽當道贈以金卻不受曰僕文不可以貨取也竟不作著有浪游草餐霞齋集元暎字耀初天才葩發幼時好讀左氏傳太史公書蕭梁文選及長博通羣籍爲諸生自課試外未嘗握筆爲時文盧龍韓鵬南爲淛江觀察使慕其才屢致書招之終不往崇禎庚午鵬南殁時通丞路阻其子廣業挾所藏書渡江而南薄暮抵曹江會秋試期迫元暎與計偕遇於逆旅問何之曰僕盧龍韓氏訪陳

子元暎於上虞者曰客識陳元暎乎曰未也然客何以訪之曰吾讀其詩若文而心折耳曰某即元暎也相視莫逆遂不赴試偕歸空室居之爲治其家具未幾鼎革遂隱與廣業諸人詩酒往還徘徊曉山賀溪間十餘年將卒盡焚其所著詩文諸稿廣業子豐穀集中所詠自惜才華空北海不留詩卷繼西京蓋傷之也同時陳芹璧水徐騰以息顏綸揆敘伯謝僑潤之咸列名復社以名士稱嘉慶志

陳理字裕之父衡天順歲貢任萬載丞理性至孝事父備盡色養衡年八十有六病篤理籲天請代時已仲秋衡渴

思鮮李理往圃抱李樹哀號竟日樹杪忽生一李理歡呼
進父啖之津液頓生病遂愈鄉人爲作瑞李圖康熙志國
朝雍正間旌表嘉慶志時先後以孝稱者有聞思嚴姚鏜
杜橒丁潛
思嚴諸生博學能文篤孝行母病思雀雀輒飛入入山采
藥遇虎虎避人謂孝感所致已而母亡即絕欲茹淡苦塊
三年不出戶至痛哭喪明鄉閭敬而哀之子善幼子熹能
世其家風萬歷志
鏜字孔明據姚氏譜成化丙午舉人授政和縣教諭天性孝謹

父治家嚴鏜承順得其歡心嘗偕父客行遇盜父被殺從者奔散鏜直前赴救抱持哀號盜併刺鏜腹腸出膜外血濡脛猶不釋人甚傷之孫翔鳳自有傳萬歷志

橒府志作澐字乾亨據杜氏譜年七歲念父遠游不歸朝夕思慕讀書遇父母之句輒飲泣不能讀閭里感之及總髮婚甫彌月求母模父像徒步訪尋至雲南金齒驛遇其父奉事未幾父卒橒痛旅櫬難還晝夜哀號悲慟新昌梁某攜之以歸舟過鄱陽湖風濤大作舟幾覆橒抱父骸跪禱號泣頃刻波恬浪靜乃克歸葬母徐患瘋症手足艱舉橒與妻肩

舁出入雖處窮約務得歡心母歿時櫺年已七十猶廬墓三年喪畢嘔血暈地而亡人稱杜孝子（萬歷志）

潛雅志好修出入必稟命於親親疾籲天躬禱既沒卜葬於古木下苦木臃腫礙穴倚樹而號已而厲風濟古木忽起遂得葬所著有棲雲風木詩卷（萬歷志）同時族有齊望者父早世事母孝及卒廬墓三年（據采訪）

王進字藎臣成化二年進士初任大理寺評事轉寺副奉勅恤刑湖廣多所平反先是河間知府賈鍾納交中貴故殺無辜荆州有獄事連戚里憲宗皆命進往按悉置於法

近習滋不悅出知成都府萬歷志政尚簡易剖斷無滯獄四川通志在郡十年境內大治考績第一張熙撰墓誌銘擢升參政晉山西布政使以疾卒於官進在仕途三十年猶然儒素卒之日遠近奔走哀號如喪考妣其得民心如此萬歷志子仁字克復任同安訓導日進諸生講明性學所造就甚衆性耿介學署圮當道命以三十金葺之仁卻之曰毋以我故傷民財嘗有同鄉賈人過同安以布百端寄之夜爲偷兒竊去賈歸仁償其値不受去追與之以親老乞歸卒祀同安名宦林盤撰行實○舊志王進後有洪襄惠鍾傳案明史浙江通志及杭州府縣志各省通志均作錢塘人王

文成洪公墓誌銘亦稱洪氏爲錢塘望族元興避地上虞祖有恒復還錢塘是居與籍本非上虞明矣舊志入之有同攀附今故從刪

韓銑字日章中成化丙午順天舉人萬歷志宏治己未知湖廣荊門州都憲王儼經其地役夫四百餘人銑拒之封其輜重將聞諸朝王儼爲之屈服辛酉南漳巨盜擾民公擒之諸盜悉平治有漢水衝田自石碑至新城三十里銑築堤水不爲害民感而名之曰韓公堤甲子廣東通志作十八年陞廣東韶州府同知乙丑平廣惠等郡猺獞亂正德丙寅冬當道委征連州峒寇時賊勢猖獗銑兼程進西山村駐札賊

夜刼營銑督兵奮戰賊益兵圍之帳下李永瓚勸銑突圍走銑叱之力戰而歿謝遷撰傳詔贈知府錄子入監萬歷志賜謚忠義著有稽山謾詠古虞雜記倦游集姚江新稾若干卷張應曾撰傳○嘉慶志補遺載張棨與餘姚謝遷同舉成化甲午科歷任邵武韶州府同知廉公有威時謝遷入相或勸其進謁曰吾豈爲故人作門下客哉卒不往弟槩至性孝友樂善好施舉鄉飲賓湯郡守紹恩書榮壽可繼四字旌其門案福建廣東通志職官表邵武韶州府同知無張棨名南雄府同知有之選舉表所載是也傳與表矛盾如是他可信耶今姑附錄於此

李錦字日章號遺安性孝友道高學博不求聞達謝木齋潘南山洪兩峰謝茅山賈環峰未遇時與之游鍾欽禮陳

雙泉輩皆師事之後謝潘先後登朝數薦錦錦日青紫非我願數薦奚爲哉遂築亭於鳳山之陽賦詩鳴琴蕭然自得著有太極圖說洛書注遺安詩草隱湖集傳於家年八十三終弟鏜袁州知州子文龍商邱督糧驪俱有善政嘉慶志

陳大經字正之宏治庚戌進士任將樂縣知縣以勤恤民隱爲己任平傜清賦養老字孤民甚德之嘗捐俸置田以祀楊時墓復拓射圃令諸生課藝之餘不廢習射爲政廉潔無私卒於官囊無餘物士民如喪父母爲位哭之請於

當道入祀名宦復祀鄉賢從弟大紀字勉之宏治丙辰進士初任南京大理評事以母疾不能迎養竟成鬱疾由寺正遷福建按察使僉事及聞母訃哭絶而甦抵家嘔血不止竟卒大紀自諸生至宦成遺資悉歸兄弟其篤於孝友如此萬歷志　大績字茂之宏治戊午鄉舉弱冠即覃思典籍尤倜儻尚氣節不爲人屈入上春官不第齎志以殁據陳氏譜

○案嘉慶志有大賢傳乾隆府志稱山陰人沈奎云查上虞陳氏譜東牆門派七世上隆贊居山陰紫金街至大賢爲十二世譜中並不載其名爵則大賢前已不爲虞人矣宜刪從之

葛浩字天宏別號兩溪見葛氏譜御史敞曾孫瞿景淳撰墓誌銘宏治丙辰

進士初令五河招鄉流民闡明理學羣士向風邑旱蝗步履數十里禱雨雨隨沾足躬歷各鄉捕蝗蝗悉飛去今有捕蝗臺禱雨井遺跡見五河縣志○萬歷志在任五年考最召爲南京廣西道監察御史墓誌銘數陳時政闕失孝宗多采納明史陸崑附傳會災異上疏請正心術信命令選守臣慎考官緩輸納嚴武備重刑憲設險要劾戶書某貪鄙寘之法孝宗崩請正侍醫劉文泰之罪武宗立教坊請選取樂工浩以教坊非先王之樂諒陰非聽樂之期手疏止之墓誌銘正德元年武宗允司禮中官高鳳請令其從子得林掌錦衣衛事浩等爭之言

先帝詔錦衣官悉由兵部推舉陛下亦悉罷傳奉乞官今得林由傳奉不關兵部廢先帝命壞銓舉法虛陛下詔一舉三失由鳳致之乞治鳳罪而罷得林御史潘鏜亦言鳳得林操中外大柄中人效尤弊將安底武宗皆不聽時八黨竊柄朝政日非浩復與御史陸崑及薄彥徽貢安甫王蕃李熙姚學禮等上疏極諫曰自古奸臣欲擅主權必先蠱其心志如趙高勸二世嚴刑肆志以極耳目之娛和士開說武成毋自勤約宜及少壯爲樂仇士良教其黨以奢靡導君勿使親近儒生知前代興亡之故其君惑之卒皆

受禍陛下嗣位以來天下顒然望治乃未幾寵倖奄寺顛覆典刑太監馬永成魏彬劉瑾傅興羅祥谷大用輩共爲蒙蔽日事宴游上干天和災祲疊告廷臣屢諫未蒙省納若輩必謂宮中行樂何關治亂此正奸人欺君之故術也陛下廣殿細旃豈知小民窮簷蔀屋風雨之不庇錦衣玉食豈知小民祁寒暑雨凍餒之弗堪馳騁宴樂豈知小民疾首蹙頞赴訴之無路昨日雷震郊壇彗出紫微夏秋亢旱江南米價騰貴京城盜賊橫行可恣情縱欲不一顧念乎閣部大臣受顧命之寄宜隨事匡救宏濟艱難言之不

聽必伏闕死諫以悟聖意顧乃怠緩悅從選順退託自爲謀則善矣如先帝付委天下屬望何伏望側身修行亟屏邪成輩以絕禍端委任大臣務學親政以還至治疏至瑾怒悉逮下詔獄各杖三十除名浩既削籍瑾憾未釋復坐先所劾武昌知府陳晦不實與安甫蕃熙學禮崑六人逮杖闕下明史陸崑傳○案墓誌銘作時逆瑾弄權公率同僚請斥之以正國法疏入下公錦衣獄杖黜爲民瑾復摘以他事下公南錦衣然則此云逮杖當屬南錦衣矣三年二月瑾召羣臣跪金水橋宣示奸黨皆海內號忠直者浩亦列名其中見明史宦官劉瑾傳瑾既誅爲瑾斥者悉起浩等以兼劾羣閹未得錄用南

京御史周期雍與同官王佩力請皆召用明史周期雍傳起浩知邵武府明史邵俗故尙巫男女聚會無別浩下令禁止民有兄弟訟者浩諭以倫理至情對之灑淚兄弟亦感泣讓遜所爭而退在郡六年民多歌之墓誌銘入覲陳利弊五事悉施行明史○墓誌銘作甲戌應詔陳利弊乃請通融里甲平處徭役均派解戶及改編夫馬淸理漁課嚴禁皆幼事皆施行晉河南參政改廣東會新寧寇作議者以縣治孤危恐先猝賊手浩潛師出賊不意縛其渠魁脅從多得減死亂遂以平詔賜白金文綺進右布政使與左使梁材協恭宣化利濟爲多尋擢貴州左轄獻徵錄○萬歷志作時新寧盜起大征調集官

民兵使閫藩臬郡分領浩及參將李璋駐節新嵊時握兵者頗多殺戮賊首陸四兵敗亡走多指平民藏匿咸被害獨浩用兵有紀獲盜必多方審驗不妄殺一人諺嘉靖中日大盜起誰能保妻子逢葛李則生遇章簡必死歷官兩京大理卿帝郊祀有犯蹕者法司欲置重典浩執奏得不死十年夏雷震午門自劾致仕歸明史既歸杜門讀書內行修謹民有大利害輒抗言之一邑倚以爲重年九十二卒恩賜祭葬贈刑部右侍郎長子木字仁甫別號巵山見葛氏譜正德丁丑進士歷刑部郎中奉命省刑心懷好生務求入中之出多所平反所上恤刑奏疏藺谿唐龍謂其辨誣理枉得破觚斲雕之餘意而法未嘗潰太倉王世貞謂前

後理江西獄者亡論百十人其疏草傳至今惟孫忠烈與
參政葛木其見重於世如此尋出知淮安府淮號衝疲難
治木鎮以簡靜加意撫字節冗弛禁富者不苦於役貧者
得負鹽以自活又毀淫祠爲書院進諸生日月課之淮士
民戴如父母遷山東副使山西參政卒於官喪還過淮士
民號呼奔擁停留數月朝夕哭奠不輟木爲人孝友清約
能世其家嘗夜渡錢塘風濤忽作木安坐賦詩云心與神
明合風濤夜不驚可以占定養矣季子臬以蔭授南京都
察院照磨器宇磊落文章瞻如不能與時俛仰歸著有一

哂齋漫稿事言統辨木子焜字仲韜號百𨳝由貢初任岳
州府通判已補建昌陞袁州府同知以考滿上闕遂乞歸
大父浩父木皆以名賢祀於鄉焜承先德益自修飭少有
聲於校他郡邑名士皆與游行誼爲鄉邦冣年未三十配
陳氏卒即鰥處終身事母潘宜人晝依膝下若孺慕夜則
篝燈以讀倦即假寐於側寒暑無間怡怡如也居官矢冰
蘗謝絕饋遺所至攜一老蒼頭供爨而已涖事刃解多善
政當道旌其賢方擬顯用而自免歸歸後就舊所讀書處
敝簀垢衣無改諸生時年七十終著有集覽編北覽編及

文集行於世皇明浙雅女貞編等藏於家萬歷志焜子曉字雲岳少以恩蔭讓叔祖父臬據許如蘭撰傳舊作讓其叔誤里人高之長善詩文工書法萬歷間邑令徐待聘聘修縣志卒祀鄉賢乾隆府志曉子百宜字孝始天啟丁卯舉人授廣東河源令陞雲南祿勸州知州有聲余颺撰傳○案阜李湖下載曉修志受賄僞創七說傳本可刪姑附

謝忠字汝正宏治己未進士授工部屯田司主事尋榷荆州稅進員外郎丁父艱服闋當上會劉瑾扇虐坐誣被逮瑾誅得白遷都水郎中奉勑督視漕河羣盜焚掠運艘勢甚熾獨沛徐以南在忠所部者不敢犯改工部郎中歷廣

東布政使參議既歸與弟居迄老不分異宗族貧者歲贍以粟鄉人病涉爲起石梁不靳費及其喪也人多哀之董玘中峰文選

張文淵字公本號躍川宏治壬子舉人己未進士初任工部都水司主事管理山東泉源據張氏譜嘗引導東川以疏河流有功漕運遷兵部武選司萬歷志正德初遭劉瑾用事乞恩致仕辛未起用不就張氏譜作吏部尚書楊一清題請銓補行文起取不赴甲戌陞南京禮部郎中未幾丁內艱萬歷志考察罷官遂不起案張氏譜云以丁繼母憂守制當道誣聽讒言考察作不謹罷黜文淵進呈表畧云偶誦先大學士李東陽限金石絲竹

匏土革木詩效顰得百首或議臣假此而有所圖謀臣考察去官已無銓除復用之理七旬有一又無希求進用之心特詠此以表臣子不能忘君之至情舊志作丁內艱歸遂不起是文淵去官由丁艱不由考察失事實矣今正

家授徒多所成就譜張氏　著有衞道錄諸圖便覽八音百詠東泉百詠奏聞世廟內衞道一編與王文成傳習錄多參駁善眞草筆力道勁得朱晦菴書法萬歷志

弟文澐字公素生八月失恃鞠於祖母家貧力農自給宏治壬子文淵鄉舉嘆曰此丈夫事亦可爲也遂就學時年二十四鄉人多笑之不顧益發憤不五年學大成領宏治辛酉鄉薦正德辛未成進士授淮安沭陽縣時流賊楊虎寇淮南勢猖獗

進據沐陽執淮安太守劉實東南大震文澐未涖任舟過南昌謁巡撫張鼎請兵靖難張曰兵豈書生所易言不許文澐退而私誦曰食人之食者當擔人之憂乘人之輿者當載人之難鬱鬱不得志遂遘疾卒文津字公濟文淵族兄弟也好孫吳家言著史畧將宗三十卷宏治十二年張氏譜無紀年據嘉慶志上之孝宗命贊畫兩廣軍務回授武學訓導不究所用卒張氏譜○案嘉慶志文津作津史畧將宗作兵畧誤陳璠字景明與文淵同領鄉薦通周易爲文馳暢淵永試春官弗第入南雍疾卒年二十八姚江孫忠烈王陽明韓守清皆哀輓之沈奎補稿

朱文澗字本澄年十四入邑庠十五食餼九試不售貢成均廷試第一任福建南靖教諭陞永寧王府教授文澗以勿克祿養顏其堂曰三慕蓋慕父慕母并慕兄也各省士大夫競爲詩章以贈名三慕集郡守湯紹恩榜其居曰孝友堂後永寧王徵有不軌意文澗屢諫不聽遂謝病歸年八十二卒案嘉慶志所增各傳卒多憑臆虛造舊傳云云不知何本今據朱氏家傳

朱袞字朝章號三峰文澗族兄弟子據朱氏譜童時即卓犖不羣負大志爲文有奇氣萬歷志弱冠登宏治戊午鄉薦壬戌第進士授工部都水司主事督理徐州洪以積夫羡銀易

石甃堤免河濤衝齧之患外艱歸起補刑部轉員外郎改河南道監察御史條陳時政悉見施行時錦衣衛官旗多勳戚近侍冒名濫入袞按之持法不撓大忤權璫謫江西新昌縣丞滅華林寨賊朱雪一等陞福清縣令福清故無城袞造四門以捍衛林見素爲作四門記陞沂州知州壽王府有校尉依勢噬民袞擒之究如法轉吉安府同知値廬陵賊曾國祥等猖獗袞團甲鍊兵賊大懾隨以計召賊所信者往諭賊詣郡請降籍爲兵後王陽明宸濠之擒實吉安兵之力爲多袞與有功焉陞工部都水司郎中巡視

蘇杭七郡水利衰盡力疏治水歸其壑謝病歸起補刑部郎中陞興化府知府殫心撫字任怨任勞以不能諧俗三疏引疾不待報而行莆人思之爲立生祠（謝讜撰行狀）至家徜徉山水間以辭翰自娛更喜接引後輩有造之者終日講談亹亹不倦所在登眺題詠人輒鐫石構亭珍若拱璧前後閩浙侍御中丞屢騰薦剡王新建總制兩廣亦以才識薦皆格不行（萬歷志）郡守湯公紹恩闢玉岡書院推衰主講時學者掇拾訓詁以資舉業於聖賢身心之學茫如陽明倡良知之說矯之衰謂舉業德業非判兩途教人主之以

居敬豫養輔之以讀書好古學術正大識者以爲甚有功於斯道（行狀）所著有拂劍錄水衡餘興夢劍緒言雪臺唱和大小學範大學信心錄體要吟觀徵內外篇及三峰文集藏於家嘗手輯本邑志書未竟而卒（萬歷志）年八十七（行狀）○案袞以忤逆瑾謫江西新昌縣丞明史焦芳傳末黨附瑾者有御史朱袞殆別一人也弟袍字朝用（七修類纂作朝儀）輸醫官慮事精詳有父兄遺風子朋求嘉靖壬戌進士授行人歷官刑部員外郎執法忤權貴左遷魯府左長史卒（據朱氏譜）族兄弟子見字思明（嘉慶志失書名據朱氏譜正）善騎射勇畧過人嘉靖中倭寇亟（嘉慶志）王軍門忬拔爲武生羅僉

憲取用之胡軍門宗憲賜冠帶把總官倭平欽賞銀三次後兩廣巨盜張璉亂見入廣陣亾贈紹興衛試百戶蔭一代朱氏譜○案明史王忬傳嘉靖三十一年浙江倭寇亟命忬提督軍務巡撫浙江已而進忬右副都御史巡撫大同忬無征兩廣事嘉慶志隨王軍門攻賊云云不根之至惟胡宗憲傳有兩廣平巨盜張璉論宗憲功事思明入廣當在張璉亂時又案浙江通志職官表嘉靖中按察使僉事與王胡同時者有羅拱宸羅僉憲殆即拱宸舊志又有趙軍門彙題語趙當是忬傳中御史趙炳然也

羅應文字汝實年十二陸東皋一見奇之許以女嘗語之曰汝聞道甚早慎終爲難作幼學箴勗之尋領宏治戊午鄉薦署藁城教諭丁父憂服闋改貴池奉檄署縣事値東

夷人貢驛傳旁午應文能省厥費民用不擾陞順德令又以母憂去官服除改授醴陵醴陵故無城郭應文疏請贖刑以石倩工畚土五月告成未幾劉賊肆侵旁邑醴陵獨免又察鬻田遺糧之患辨以民作軍之寃禁過豪右撫恤窮黎興革不可枚舉以浮議歸卒年七十一著有草亭集稿二十卷藏於家金璐撰墓誌銘

徐文彪字望之號雙溪抱道績學以母老家居養志徐立綱撰傳正德間詔舉懷才抱德士有司以文彪應辟尹臺父子忠孝圖序時逆瑾用事陳有年撰傳劉健謝遷皆致仕歸明史謝遷傳文彪睹

國事日異試文禮部慷慨陳策中援蕭傅恭顯語有規切瑾怒陳傳以浙江所舉士餘姚周禮徐子元許龍及文彪皆遷同鄉而草詔由健欲因此爲二人罪謝遷傳矯旨下禮子元龍文彪鎮撫司獄謫戍邊衛并削健遷官明史選舉志文彪得鎮番鎮番斗入朔漠雅不嫺俎豆文彪至陳傳倡明道學弟子日進顧應祥撰墓誌銘相率受業河西諸衛皆雲從翕然稱徐夫子賈大亨聘君父子西行記居三年瑾誅赦歸萬歷志初文彪五子長子奎次子行子宜子厚幼子麟賈記聞父難萬歷志爭欲往子奎泣辭諸弟獨偕子厚西行賈記阽危百端卒達戍所掖

父以歸萬曆志文彪旣歸築室西山之麓爲終隱計絕不談往昔事日事著作有附說效鳴冷澹等集賈記性復好施刱義田建鄉學賑飢恤死人咸德之萬曆志卒年七十八賈記鄉人私謚曰貞晦先生從祀府縣鄉賢徐氏家傳子奎字世貞號石峰由庠生授伊府典膳性孝友初與子厚萬里尋親未行刑部復檄提家屬乃赴京昆弟主僕械繫刑獄會有白其爲從親孝子者得釋西至莊浪涉流沙子厚馬陷溺及頸子奎呼天拜泣馬躍而起登道天大雪子厚寒甚且僵子奎解衣溫以體終夜始甦及至鎭番父子悲喜交集衞

人嘖嘖稱徐孝子比文彪蒙宥還鄉同謫許龍以司衛事不放歸文彪愀然曰吾友不還吾寧獨還哉子奎復馳數百里和解之借以來且出已貲贖許故所鬻妾文彪聞之喜子奎殫心承順凡文彪歸後所爲義舉子奎率諸弟悉成之郡守湯紹恩表以孝義著有思親百詠泣椿卷石峰集子厚與兄子宜同舉正德己卯浙闈子宜官池州府通判有惠政子行以兄子奎弟子厚從父河西家居奉事祖母亦以孝稱子麟自有傳據萬歷志及徐氏家傳○案李府志孝行傳載徐子行而無子奎今據陳有年朱袞賈大亨所撰文彪傳記凡子行傳中語實皆子奎事不知府志何以誤作子行急宜更正

徐斆字習之號甯靜又號拱北家貧舌耕養母館吳門母陳病夢斆歸懷棃十四枚以獻詰旦斆至獻棃如數母啖之病遂瘥嘗與族兄文彪訂宗約行家禮宗人服習鄉閭向化著有拱北稿及地理辨說子子忱子恒孫學詩子忱字世孚正德己卯鄉舉官鎮江府通判稱能吏已補寶慶府挺正有守當道咸推薦之擢知陸涼州州守有惠政猺民立祠祀之尋改安甯州會子學詩劾嚴嵩廷杖子忱遂不仕引嫌家居優游幾數十年凡宗黨有爭搆輒就子忱剖決無不意滿幾於望盧而化年九十二卒子恒字世德

性純孝親没廬墓檀燕山冢旁忽生奇樹人傳爲異又嘗立祭田置義倉按察使殷崇儉勅縣表其閭曰孝義學詩自有傳據萬歷志徐氏譜

徐子熙字世昭文彪從子據徐氏譜父燾宏治中任英山主簿從政剛果下車除盜境內屏息邑民祀之於土地祠後請入名宦廬州府志子熙爲諸生即淹貫經史諸子百家靡不精究工詞賦草隸襟懷磊落議論懸河宏治辛酉中浙江鄉試第三乙丑成進士授兵部職方司主事區畫調度有禆疆場正德戊辰充會試同考再典武舉咸稱得人陞武庫

司員外郎應制直文華殿晉光祿寺少卿乞詞翰者無虛日下筆千言談笑立應被誣補和州有豪民王虎恃惡負稅子熙諭以禍福虎伏罪逋負悉輸尋擢彰德府同知時劉賊猖獗被圍旬日城中告匱子熙詣趙王府請賑王即傳令散粟人心始定賊平大吏咸爲詩文以紀其績卒於官謝丕撰墓誌銘子熙事繼母孝處兄弟不私一錢臨終惟諄諄以孝友訓諸子著有貽穀堂集萬歷志子應豐字德中幼承家學桂萼撰墓誌銘善屬文尤精楷書嘉靖間萬歷志由鴻臚寺序班薦理制敕房事進中書舍人世宗思得勤恪工書之臣

親試得五人應豐居首〔墓誌銘〕隨供事無逸殿〔明史徐學詩傳〕時承晉接恩賚甚渥會從弟學詩劾嚴嵩〔萬歷志〕嵩疑學詩疏出應豐指會考察屬吏部斥之應豐詣迎和門辭特旨留用〔明史〕尋陞禮部主客司員外郎晉郎中〔墓誌銘〕嵩恚甚居數年以誤寫科書譜於帝〔明史〕遂廷杖編民〔明史作竟杖殺之〕應豐素性爽直不屑治生以故宴賜賞賚悉以濟人歸惟圖書數卷而已居家事二兄若嚴父鄉有不平者片言立解人皆重之所著詩稿合刻於貽穀集〔萬歷志〕孫啟東字養元隆慶丁卯領鄉薦謁選得太和令有政聲調句曲值水災啟東跨

一高脊馬爲之股分鉤引田父不驚而水大治遷宛平令駙馬許與人爭窯縛人啟東擒縛者置之理許譁之謂當廷奏啟東曰不廷奏駙馬何所容須眉即解印付政府政府改容巽慰檄駙馬易服謝令一時轂下肅然已而遷留都繕部郎卒以宛事鐫秩丞閩福寧州遂拂袖歸築亭鹿花溪上榜曰濯纓以詩酒終於家王思任撰墓誌銘

徐子俊字世庸子熙族弟夙慧絕人讀書目數行下九歲能文咸以奇童稱之十三補邑庠生正德丙子丁丑鄉會連捷授吏部主政時方十九慷慨有憂世志以外艱歸廬

於墓所屏跡不入城市立心制行皆以聖賢自期服闋聞武宗南巡草疏欲上會疾卒未婚無子爲世痛惜潘太常府弔以詩云天分由來出近眞希賢有志已知津如何造物於人忌更比顏回短十春萬歷志

徐子麟字世亭文彪季子嗣從父文卿篤於孝弟善事兩翁與四兄友自幼至老怡怡無間陳有年撰行狀嘉靖壬子以貢任朝城訓導待士有禮未朞乞歸屏跡靜坐日惟課其子姓間輯錄百家言成編老而不倦趙錦撰墓誌銘爲人易直長厚以禮法自藩亦以藩其家宗黨敬式之有若古之王彥方

陳仲弓其人萬曆志於諸孫中獨愛如翰謂吾家千里駒後果不負所期壽幾百歲將逝前一日自言平生一無愧怍庶可含笑全歸墓誌銘卒祀府縣鄉賢子希明字允滄嘉靖甲子舉人初任攸縣令萬曆志復安成夙逋擒兩省巨盜一邑大治鄒元標撰墓碑時吏部鄒元標以言事謫戍貴陽懼禍者皆避匿希明獨迎之慰勞備至人高其義倅安慶甯國皆有善政及守蘄州條救荒十議萬曆志所活以數十萬計劉汝國亂蘄黃間人皆憂之徐氏家傳希明曰此豎子折馬箠走耳蘄卒賴以敉甯墓碑陞蘇州府同知以和易近人人皆親

愛萬歷志有傳吳人謀不軌者大吏下教亟誅反者希明力
白無他全活甚多家傳補興化力繩陸兵以法勤勞民事崇
尙儒術出其門者多名士萬歷志以署篆校士過勞卒其治
術具諭俗膚言中鍥於閩楚閩楚人稟之爲公令著有宦
游吹塤等集墓碑希明孫一掄原名廷英字英度以詩經領
天啟甲子鄉薦嘉慶志任雲南保山縣勤政惠民循績卓著
秩滿行取授山東道御史入臺累疏謇諤直聲聞於朝出
爲陝西茶馬使釐飭一新將報命遘闖賊之亂爲賊所獲
欲官之一掄誓死不屈幽之別室值　興朝畧地至潼關

賊奔一掄徵服從間道南歸及丙戌西陵軍潰憤懣而卒章正宸撰傳祀陝西名宦嘉慶志如翰别有傳

顔畦府志家傳均作煜字文華父杲天順乙酉貢士任即墨教諭性至孝以母李養不逮祿作慕萱卷研窮理學著有春秋主意中庸心見人稱爲顔中庸家傳畦以禮經中正德丁卯鄉薦兩上春官不第授山西絳州學正召遷南京刑部主事歷郎中出知雲南澂江府性長厚不事脂韋宦履所至操行不苟歸田二十餘年杜門郤軌讀書自娱人以緩急告必委曲應之嘗割山以築城垣捐俸以置墓田略無德

色於外卒祀瀫江府名宦萬歷志著有四書証疑禮經疏義詩文集若干卷孫洪範舊作曾孫誤洪節徐待聘撰傳洪節自有傳

洪範字中起以進士任上海令清慎明肅徵拜雲南道監察御史巡視山海等關建白邊陲利弊舉劾人材臧否上輒報可以介直不諧於時出爲河南僉憲尋謫守澤州洪範惟用卧治士民感愛如父母已陞南京刑部副郎日治城旦書多所平反爲當道所重未幾轉北正郎聲譽益起以使命餉邊休沐卒於家未竟其志士論惜之萬歷志洪範孫綸揆字敘伯讀書目數行下試輒冠軍天啟甲子鄉魁

鴻文大篇聲馳天下名流願交者相訪不絕詩亦雄麗引掖後進亹亹不倦敦行孝友絕意仕進優游林壑終康熙志

倪鎧字右文萬歷志曾祖逑初景泰時輸粟三千石賑饑臨山築城又助白金三千兩府志作三十兩誤朝廷義之賜璽書束帛授徵仕郎不仕倪元璐先府君行狀鎧幼穎悟日記數千言萬歷志領正德庚午鄉薦墓誌銘始授興國學正日舉伊洛淵源課其弟子時四明趙倘書以郎署典山西試事鎧爲同考官趙有所私鎧廉得之固持其題不發所私者竟不中選遷樂平令三月治聲大著調繁南城南城故侈乃更繇役之

法使皆受直應役士民德之居二年聞母病乞歸就養抵家病愈人以爲孝感所致田居三十年足不入城市日以讀書課子爲事生平無妄語無機心著有西原日記務本錄按病篇尋卒入祀鄉賢萬歷志　子應蘄孫湅曾孫元珙元璐元瓚元瑕元璐別有傳

應蘄字鍾甫少負奇才積學累行試輒冠諸生萬歷志　遠近來學者稱南望先生旣而六試不第以經授諸子萬歷甲戌子湅登進士除安福知縣將奉應蘄往以二幼子渠湅學未成留教之後湅遷同安應蘄從往一日湅詣府昏時

門者驚傳曰秀才葉日新反城中巨室皆挈家走應蘄曰今吏治淸民方樂業安有反者未旦涷已自府中召日新慰諭之走者悉歸其智識過人如此應蘄事親孝父病疽親口吮之母九十終猶涕泣不已孫鑛撰墓誌銘敬撫兄弟示無間言萬歷志平生酷好書既棄舉子業尤勤雜著有杜咨錄不自棄稿閩游日抄秣陵隨筆各若干卷墓誌銘

涷字霖仲號雨田九歲能文十六補弟子員二十二領萬歷庚午鄉薦辛未計偕時江陵相張居正典試涷卷首薦以策語涉時務江陵叱以為狂遂下第甲戌成進士授安

福令安福號難治涑至即修復古書院與鄉大夫約毋以私干邑西隅數患火月十餘驚涑自念我令也固能勝之立木尺許署名其上曰某遂絕有鄰部民甲乙聚鬬乙負明日殪病叔誣甲鄰令不能辨甲抵死獄成移涑治涑察其實舍甲罪乙擒大豪王桀王繼王羅王桀以豪論死越獄出没江湖爲盜久捕弗得涑下車不浹月得之繼擁貲數殺人其宗大父行某被縶掠且死囑其子曰必以楮墨筆襚我鬼可鳴也涑廉狀發屍按如律羅陰殺人既掩之矣涑舟夜經心動使人守勿去旦發之屍也巾遺畚題曰

王羅帥以是罪羅治行爲天下第一倪元璐先府君行狀適江陵奪情湅取彭廷憲終制疏鍥而序之已而御史傅應禎劉臺進士鄒元標彈章相繼直聲振天下江陵尤致憾於劉欲中以危法湅力爲湔洗律不得傅江陵大恚矯旨貳湅松江復推疵貶山西臬司照磨康熙志無何遷同安令洪司寇鈁爲怨家所告應逮問者二萬餘人原坐司寇贓巨萬計多官累歲不能決湅一洗故牘浹旬而定司寇寃白株連悉不理諸生葉日新貌奇而誕好與方士游伎者遂爲蜚語云負貴徵謀不軌策某日刼庫屠城遠近洶洶攜家去

者千討湅密檄召日新慰諭之且還集諸攜家去者是年
江陵敗徵湅南駕部郎佐船政時船政大壞蠹出千孔會
有風霾之變詔求直言湅總條馬快船得十議以其五具
疏因大司馬郭上之一曰議官守二曰議差使三曰議支
放四曰議木料五曰議出則已又因少司馬顧上言改馬
船爲快船之利隨奏許可命以船政專責湅閱三年告成
計歲省金錢十餘萬鐲夙逋萬中外感德爲立祠顏其字
曰惠德歲時尸祝之出守撫州時撫大饑民亂湅至出市
攫坐辟者三百人條鐲賑十策撫大定居五月遷淮安守

時大治河費度支金巨萬乃竣一夜隄潰漏已三下湅聞
即檄營卒千人囊沙石抵之昧爽安瀾河使者驚以爲神
丁內艱扶櫬歸里服闋補荆州荆係江陵故里羣張慓甚
屬所親乘間言湅笑曰往者令傴僂致恭事即不可知苟
云強項又何虞乎待羣張有加田千頃爲勢家所侵悉徵
予之人以是服湅厚德荆士悍而剽其隅有數生以丁祭
勒一縣尉令挂冠有士爲縣令首擢反持令短長榜而數
之且有殺其家之季至夷其面耳鼻口者湅悉收而置諸
理爲當道所忌去職復起爲瓊州守瓊濱黎又郡缺守八

年法弛民玩時黎數千人鼓譟當事大治兵湅小創之益布威德黎大悅且震歲大旱暴巫不雨湅爲民請命輿病而禱果大雨郡通海得泉率鹵湅禱諸神穿地得美泉民德之曰倪公井捐贖鍰繕敗雉千民又德之曰倪公城行狀瀕海有港可田募民興築得田千畝官司其佃以其半贍諸生膏火以其半儲之備荒倉嗣後遇祲歲民賴以無憂瓊臺志瓊大治撫按推卓異第一以他故歸年六十六卒著有船政新書經濟管窺理學度針保民更化錄閒閒堂會心錄星會樓集碧山吟行狀

元珙字賦汝號三蘭涑弟涑之子萬歷戊午舉於鄉天啟壬戌成進士任祁門令以能移歙時魏瑺擅政告密蠭起歙奸僕吳榮訐其主吳養春擅黃山利數十年及諸不法狀詔捕養春遣工部主事吕下問乘傳籍其家下問暴横掩捕四出衆積怨憤一夕萬餘人鼓譟斧部使門下問踰垣走百姓擾亂元珙聞變單騎慰諭乃定下問怒無所洩歸獄元珙忠賢又使許志吉馳歙督贓志吉尤無頼元珙不爲禮凡志吉令下縣元珙據法爭之志吉恚甚會忠賢伏誅元珙以治行高等入爲御史首疏訟黃山之獄發下

問志吉兩人奸俱抵罪出按江西以御史攝理兵事勦平
粵冦捷聞賜金優敘復以御史督學吳會凡三年吳才盡
出甲於天下吳之君子以爲二百年來學使未有如倪公
者會復社之論作太倉人陸文聲求入社不許遂訐其鄉
官張溥張采詣闕言風俗之弊皆原於士子溥采爲主盟
倡復社亂天下溫體仁方枋國事下所司元珙以屬兵備
參議馮元颺元飇盛稱溥等元珙據以入告言諸生誦法
孔子引其徒譚經講學互相切劘文必先正品必賢良實
非樹黨文聲以私憾妄訐宜罪閣臣以元珙蒙飾降光祿

寺錄事元珙雖貶官心痛時事上疏規切執政語甚激又云今閣臣分曹擬旨無主名得逭責請各疏名得因事考其能否俞旨特著爲令閣擬疏名自此始遷行人司副命治益邸喪事事畢歸里病卒元珙儀狀頎碩望若神人推誠豁然洞見心腑與文貞公元璐同時立朝聲稱赫奕據倪元璐撰行狀明史馮元颺傳張溥傳并參康熙志靜志居詩話

元瓚字獻汝元璐同母弟年十三試輒冠軍其學以守身事親爲本名在復社而不挂黨籍辛巳越中奇荒元瓚急條議上當事令在城者坊管一坊在鄉者鄉管一鄉坊鄉

殷戸分上中下捐助饑民分老幼極次給米有差散領有
時其外來流丐仰給於官民賴以安當事以賢良方正薦
辭與劉蕺山講學者七年又館謝孔淵於家講易三載元
璐殉國難先作書由急遞寄元瓚曰時事至此惟有七尺
吾心泰然當以好言慰太夫人元瓚哀國痛兄目腫聲喑
故作好容告母曰兄扈駕從海道南幸旦夕可至母奮身
擲曰國家至此耶爾兄必死矣元瓚預作邸抄出袖中曰
此據也不數日有媚黨遽白之母曰吾固言兒必死但汝
勿再效兄耳福王立授兵部員外郎辭不赴蕺山絕粒招

至楊前言地方大計元瓚以母老多病不能稍離大聲慟哭蕺山曰爾可稱終身慕父母者嗣　王師進勦經越抵甌閩每借住宅爲屯營元瓚奉母徙居無常所每遷移必先請命伺顏色怡悅然後行至丙戌天下歸順越中乂安而母年已八十六矣或日一食元瓚亦一食或不食元瓚亦不食病日亟刺臂血作疏籲天求代及卒元瓚已六十有三猶作嬰兒號形貌焦黑至不可識廬墓三年又踰年而卒年六十有七所纂輯有理學儒傳春秋五傳羣史目自史漢至劉宋止及杜詩紹興府志等書皆有論斷文集

數十卷乾隆府志

元璐字華汝淶季子七歲父死哀毀過成人事生母李湯藥枕簟必躬自嘗視母病弗瘳潛碎磁盌取鋒割股煎糜以進母暫愈卒不起痛欲絕廬墓三年如一日時兄元璐已通顯慨然曰士貴自立毋以兄爲也築室委宛山南讀書其中因得耗血病年三十二卒補稿據家傳○案淶卒於萬歷庚寅時元璐方七歲後年三十二卒正當萬歷乙卯補稿入元璐之卒雖在丙戌以後然終隱不仕究爲勝國遺老府志入之國朝亦有未安今俱改歸前明

顧蘭正德十年任翁源主簿廉能惠愛贓財悉歸公帑修

葺倉舍城池學舍諸廨爲知縣黃銘所妒陷去之日行李蕭然知府姚鵬助其路費翁源縣志

車純字秉文萬歷志曾祖勿據車氏譜永樂初任政和縣丞邑故多礦盜勿攝篆其魁以百金嘗之卻不受已盜作殺掠士民勿奉檄往捕盜見以爲前卻金丞也陽解去勿念事終弗靖遂投劾歸未幾盜果復作人服其識據萬歷志選舉志純以廩膳生連捷正德丙子丁丑鄉會丁外艱廬墓三年服闋官工部主事家傳時大禮議起純隨何孟春等伏哭左順門據明史何孟春傳忤旨杖闕下久之擢山西參議分守大同作備

邊論五篇施行悉宜邊境以甯擢雲南副使備兵曲靖霑益州土官與鄰界交攻純以片言平之而寢進參政撫軍檄治貪吏乘間投以明珠純斥遣之竟正於法遷福建右布政使尋轉左凡三載操持愈勵閩中有車布不車金之謠止以所刻諸書攜歸藏之學宮便士子覽誦後晉右副都御史巡撫湖廣比歲大祲賑卹安養民賴以濟萬歷志勳撫辰沅苗亂協謀底定家傳會楚世子弒其父端王人情洶洶純鎮以靜疏其罪逮治之府事遂定已而三疏乞歸瀕行士民遮道攀留輿不得前純動止有度望之如泰山喬

嶽而披誠霽色藹藹可親歷官四紀清介如一日歸田二十餘年布衣疏食不殊寒士未嘗以一刺謁公府客至岸幘延款劇談天下事亹亹不厭爲一時儀表卒年八十九祀鄉賢萬曆志

孫任遠字遠之邑廩生鍵戶著書非其人不納嘉慶志嘗與楊秘圖徐文長葛易齋輩七人仿竹林軼事結爲社友秘圖贈詩有七賢結社今何在尚古風流賴有君句家傳徐令待聘聞其賢聘修縣志邑人陳絳著金罍子多所校訂著有知希堂稿螢光樓識林濯纓集寶文雜鈔存笥錄行世嘉慶志

任重字叔仁萬曆戊戌由太學生任萬

州府經歷家傳屢訴稅監陳奉之姦被反噬廷杖下錦衣獄六載執政沈一貫疏救得歸當道交薦補眞定府經歷尋卒嘉慶志天啟時追贈光祿寺寺丞祀黃州府名宦家傳與任遠同應聘修志者時有周一鳳一鳳字鳴岐九歲能文常齋居究心理學游教嘉湖出其門者多名士性好施遇貧困每捐貲以助邑令徐待聘嘉其文行聘修縣志年七十八卒著有詩文集行世康熙志

陳椅字彥材少沈毅強記遂博綜羣書稱鉅儒登嘉靖丙戌進士授長沙府推官萬歷志歷大理評事進寺正用法平

恕葛焜撰傳尋出知寶慶府慨然慕古之循良賑災弭盜興學造士三年政行惠洽萬歷志會妖民李承賢倡白蓮教從者殆萬餘楠擒其魁盡散其黨當道欲窮治以邀功楠不可輿論翕然尋陞山東按察副使備兵蘇松楠鍊兵修城力靖盜源未幾復命提刑山西葛傳會不悅於當路遂罷歸歸而杜門讀書淸約簡樸足勵靡俗云萬歷志

鄭遂字惟用生而不類凡兒稍長業儒能旁通星術一日歎曰吾命不當以儒顯乃棄儒習掾事萬歷志嘉靖十三年任遂溪典史遇海潮衝決堤岸多圮田疇千頃幾淪龍窟

遂請於令身任其事冒觸風濤督楗木石潮不能為害復闢通衢濬水道捐俸具牛種以佐貧乏之民咸賴之廣東通志久之以老疾歸民思德奉祀名宦遂家居以棋酒自娛嘗謂子舜臣曰吾不能為子孫計願爾宏德懋學以光大先人之閭是吾所以貽爾穀也舜臣警悟雋拔嫺於文詞嘉靖丙午領鄉薦丙辰登進士授歙縣令以考最遷南京工部主事忤權貴左遷鄧州同知轉判汀州守通州貳袁州府並著懋績所在尸祝之鄧通二州俱入祀名宦萬歷志擢柳州太守時督撫大征古田調狼兵十餘萬屯城下各無統

屬時聚夥搶掠民苦而訴之當事恐激變計無所出舜臣謀於兵道密遣人擒四人磔於市不書姓名各營自相疑沮其患遂息獻徵錄　監軍道發俘囚數百名覆審內有幼者六十餘人舜臣憫其無知乃各易年歲而曲全之尋致仕歸廣西通志　舜臣幼即以豪傑自期至於輸金償鬻婦之債救卒卹出妻之謝尤人所難者歸田二十年不事脂韋鄉人多所畏服年七十八卒長子一麟登萬歷丁丑進士初任兵部主事萬歷志　萬歷十二年任肇慶府知府廣東通志　後陞按察使司以母老乞終養歸萬歷志。案余孟麟學士集有奉政大夫南京兵部武選司郎中鄭公生祠記云上虞鄭大夫任南兵部其它涖官之概不具論論其鉅者有二帖黃官旗宗圖自國初迄今歲久殘蠹每遇襲替則奸胥骫典而鬻其權大夫釐然檢覈以正其圖狀抱牘者無敢詭售人人便之異時轉運以漂泊而待罪者不啻百餘家抑無從中大夫廉得其狀思有以釋之乃條具無辜上大司馬報聞斯二者所謂不世之業也據此則鄭大夫卓有可傳然記中不著大夫名字而鄭舜臣傳云遷南京工部主事一麟亦祇云任兵部主事不言爲武選司郎中不敢憑臆羼入故附於此

陳洙字道源號玉山嘉靖己丑進士初選郎授南臺御史由臺中出爲江西按察司僉事赫著風譽旋歷藩臬遂拜開府巡撫應天江西等處未幾晉陟南京兵部右侍郎蓋一歲而三遷可謂宦達矣適倭寇薄留都遣將禦弗克科

道交章論大司馬張時徹波及洙與張偕罷是時洙尚未任罷非其罪也洙內精密而外寛和以非任落職仕宦猶幅尺非人力與居鄉雍雍有禮意接賢士大夫至其篤於昆弟視猶子如子逮其支庶亦必卵翼而周護之親親之恩有足多焉萬歷志。案明史張經傳云倭之躪蘇松也起嘉靖三十二年訖三十九年其間爲巡撫者十人無一不得罪去上虞陳洙未抵任以才不足任別用邱橓傳云嘉靖三十四年七月倭六七十人失道流刼自太平直逼南京兵部尚書張時徹等閉城不敢出給事御史劾時徹及守備諸臣罪時徹上其事詞多隱護橓劾其欺罔時徹及侍郎陳洙皆罷據此是洙未抵任係蘇松巡撫非南京兵侍也舊志所云殆有誤與且明史言才不足任劾及守備諸臣罪是洙之居官無能已可知矣又案趙氏牛山紀事云雪水公卜葬牛山嘉靖中邑宦陳洙利其地有佳兆欲買營生壙宗人不許陰賄族之不肖者潛謀得焉倚勢逼遷凡雪水公下十餘世墓皆移去及至公墓未啟榔異香從穴中起其鄰走告洙洙乃留塚勿遷命移生壙下數步是洙之居鄉豪橫又可知矣即萬歷志雖爲立傳其中亦大有微詞至故老相傳嘖嘖以陳五山爲嚴黨事雖無據要其不滿人意亦可概見洙之爲人本不足傳今姑錄萬歷志原文使後之君子裁焉

葉經字叔明號東原嘉靖辛卯舉於鄉壬辰第進士除福州府推官剖決若流人目之爲神明（葛焜撰行狀）丁父憂再補常州凜有風裁（萬歷志）擢御史嚴嵩爲禮部交城王府輔國將軍表柙謀襲郡王爵秦府永壽王世子惟熺與嫡孫懷墡爭襲皆重賄嵩嵩許之二十年八月經指其事劾嵩嵩

懼甚力彌縫且疏辯帝乃付襲爵事於廷議而置嵩不問明史經復以十惡進嵩憾之時同臺謝瑜亦累疏嵩嵩每對客曰我何罪於上虞不相容至此行狀尋奉命巡山海關按壁行營老將弗若癸卯復巡山東會臨清城工成巡撫據爲己功輒自立祠經力陳禁例毁之東平一尚書子横州里立捕治抵罪劉應節撰墓誌銘遠近肅然萬曆志是年監臨鄉試發策以邊寇侵侮禦應失當財竭民困爵賞冗濫爲言楊爵撰傳鄉試錄文舊多出學使者手丹徒呂高與唐順之有嘉靖八才子之稱時高官山東提學副使經乞順之文高心

憾寓書京師友人言經紕繆嵩惡經明史陳束傳遂中傷之明史選舉志試錄上明史下禮部議嵩摘錄中繼體之君德非至聖作聰明以亂舊章好自用而不能任人等語皆指爲謗毀貼註以聞楊傳帝怒明史手批山東試錄譏訕選舉志逮繫詔獄一統志廷杖八十斥爲民創重卒明史○選舉志作杖死闕下先是御史楊爵以封事獲罪下錦衣獄同輩多引避經獨通問不絕及繫獄爵使人覘之兀坐不動卒時年三十九爵爲著傳於獄中萬曆志穆宗卽位贈光祿少卿明史祀鄉賢錄其子志周爲詹事府錄事志周淸介有父風嘗寓省邸還徐生遺

金署廳印卻給劄例銀亦以忤當道出簿癉地而卒萬曆志
曾孫煥字毓華登天啟丁卯鄉薦任德化教諭講道衡文
士風丕振陞四川知州廉明惠愛民頌甘棠不衰卒年七
十有九康熙志
謝瑜字如卿其先僉事肅通政使澤皆名臣瑜登嘉靖壬
辰進士令浦城政績甚著召拜南京御史萬曆志時武定侯
郭勛陳時政極詆大小諸臣不足任請復遣內侍出鎮守
詔從之瑜抗章奏曰勛所論諸事影響恍惚而復設鎮守
則其本意所注也勛交通內侍代之營求利他日重賄其

言官吏貪濁由陛下無心腹耳目之人在四方又曰文武懷奸避事許內臣劾奏則奸貪自息果若勛言則內臣用事莫如正德時其爲太平極治耶陛下革鎭守內臣誠聖明善政而勛詆以偏私在朝百官孰非天子耳目而勛詆以不足任欲陛下盡疑天下士大夫獨倚宦官爲腹心耳目臣不知勛視陛下爲何如主會給事中朱隆禧亦以爲言勛奏始寢明史尋轉北使雲貴核兵籍因論禮部尚書嚴嵩奸佞使還臺長稱爲古之遺直薦留雲南道嵩憚之百計要結且啖以美官瑜掉頭不顧出按四川四川通志云公正有體風

采然卓 聞邊警又上疏請誅嵩萬歷志 嵩屢被彈劾求去帝慰
留瑜言嵩矯飾浮詞欺罔君上箝制言官且援明堂大禮
南巡盛事爲解而謂諸臣中無爲陛下任事者欲以激聖
怒奸狀顯然帝留疏不下嵩奏辨且言瑜擊臣不已欲與
朝廷爭勝帝於是切責瑜而慰諭嵩甚至居二歲竟用嵩
爲相甫踰月瑜疏言武廟盤游佚樂邊防宜壞而未甚壞
今聖明在上邊防宜固而反大壞者大臣謀國不忠而陛
下任用失也自張璜爲中樞掌兵而天下無兵擇將而天
下無將說者謂璜形貌魁梧足稱福將夫誠邊塵不聳海

宇晏然謂之福可也今瓚無功而恩蔭屢加有罪而褫奪不及此其福乃一身之福非軍國之福也昔舜誅四凶萬世稱聖今瓚與郭勛嚴嵩胡守中聖世之四凶陛下旬月間已誅其二天下歙然稱聖何不並此二凶放之流之以全帝舜之功也大學士翟鑾起廢棄中授以巡邊之寄乃優游曼衍靡費供億以盛苞苴者爲才獻淫樂者爲敬遂使邊軍益瘠邊備更弛行邊若此將焉用之故不清政本天下必不治也不易本兵武功必不競也疏入留不下嵩復疏辨帝更慰諭瑜復被譙讓然是時世宗雖嚮嵩猶未

深罪言者嵩亦以初得政未敢顯擠陷故瑜得居職如故未幾假他事貶其官又三載大計嵩客諷主者黜之比疏上令如貪酷例除名（明史）瑜歸日奉母怡怡盡懽不躡足公府自謂狷介扁其居曰狷齋（萬歷志）精於易學所造就甚衆蕺山先生外王父章潁其弟子也（見劉子遺書）隆慶初復贈太僕少卿（明史）子萬成諸生孫時康號理齋隨父讀書晨昏定省曲盡子職屢試不售爲府掾吏不受非義一錢凡府縣折獄必來詢康康效法於公援例惟輕考滿授江西樂平縣丞署篆二載剔弊除奸執法不回辭歸里居繕學宮修

橋梁砌道路多傾圮以應卒年八十九有子四章綬經猷俱以孝友稱康熙志

陳紹宇用光自幼穎異弱冠舉於鄉獻徵錄登嘉靖乙未進士任廬州府推官萬歷志以明允稱獻徵錄徵拜南臺御史號有風裁壬寅八月禮部尚書嚴嵩初拜相萬歷府志適北虜擾邊家傳紹抗疏論之其畧曰嚴嵩外爲謹飭中存巧詐競奔趨而賤名檢崇文飾而鮮忠誠輔臣係師表百僚之任如嵩者庸劣素鄙於縉紳識度見輕於士論以之列置具瞻將何以風厲天下羽儀羣工昔唐楊綰拜相京兆尹減騶

從郭子儀撤坐中聲樂宋司馬光拜相遼人戒飭邊吏愼無生事開邊隙嵩之被命果有是耶伏望收嵩內閣成命別選碩德重望以充斯任宗社幸甚天下幸甚萬歷志時世宗尚親萬幾嵩雖恚甚不能輒加禍尋出知韶州萬歷府志至則與民更始榜十餘事其大者曰淸本原曰申聖諭曰禁奢侈曰稽積滯曰輯盜賊一郡咸屛息而聽修張文獻墓新余襄公祠祀張九皋父子以風簡七學弟子員於濂溪書院以訓迪之徭役以一丁配糧一石貧者苦之改議配糧五斗曲江附郭里甲煩費爲之稽籍分日縮十之七郡

堂就圮發帑羨捐贖鍰葺之踰月而成民不知費韶民貧而喜訟得其情而捐其贖訟者感化英德有楊金者殺吳福泰賄吏嫁罪蔣效文翁源池咸鑑謀殺嫂姪飾偽牘冀倖免一訊皆伏合郡稱神明韶西界連州清遠萬山猺人蟠據時出剽掠紹督猺官召諭賞賚申明約束諸猺聽命乙巳歲大饑發粟躬賑民大稱便既而四月不雨至六月紹徧雩禱暑毒弗戒致病瀕危聞雷雨作復甦言及郡事而卒獻徵錄没而不有其藏一錢陳紹答項甌東書所遺書數篋而已韶首抑權奸著績大郡卒以死勤事韶人至今俎豆之

紹卒時妻孫年二十六甘窮苦撫其二孤歷四十餘年尤以貞淑聞於鄉萬曆府志祀鄉賢萬曆志弟維綰從弟縡縡綰悉紹教育成立相繼登第別有傳維字用政號持齋天性至孝尤好學給濟貧乏之里中稱陳長者著有永思堂稿擬社倉疏及均平田賦議據家傳

徐學詩字以言嘉靖二十二年進士授刑部主事歷郎中二十九年俺答薄京師既退詔廷臣陳制敵之策諸臣多掇細事以應學詩慘然曰大奸柄國亂之本也亂本不除能攘外患哉即上疏言大學士嵩輔政十載奸貪異甚內

結權貴外比羣小文武遷除率邀厚賄致此輩掊克軍民釀成寇患國事至此猶敢謬引佳兵不祥之説以謾清問近因都城有警密輸財賄南遷大車數十乘樓船十餘艘水陸載道駭人耳目又納奪職總兵官李鳳鳴二千金使鎮薊州受老廢總兵官郭琮三千金使督漕運諸如此比難可悉數舉朝莫不歎憤而無有一人敢牴牾者誠以內外盤結上下比周積久勢成而其子世蕃又兇狡成性擅執父權凡諸司奏請必先白其父子然後敢聞於陛下陛下亦安得而盡悉之乎蓋嵩權力足以假手下石機械足

以先發制人勢利足以廣交自固文詞便給足以掩罪飾非而精悍警敏揣摩巧中足以趨利避害彌縫闕失私交密惠令色脂言又足以結人歡心箝人口舌故前後論嵩者嵩雖不能顯禍之於正言之時莫不假事託人陰中之於遷除考察之際如前給事中王曄陳愷御史謝瑜童漢臣輩於時亦蒙寬宥而今皆安在哉陛下誠罷嵩父子別簡忠良代之外患自無不息矣世宗覽奏頗感動方士陶仲文密言嵩孤立盡忠學詩特爲所私修隙耳世宗於是發怒下之詔獄嵩不自安求去世宗優詔慰諭嵩疏謝佯

爲世蕃乞回籍世宗亦不許學詩竟削籍先劾嵩者葉經謝瑜陳紹與學詩皆同里時稱上虞四諫明史方學詩之提典刑獄也時淫雨暴漲諸囚內苦舍傾連繫無所避外憂食不時入哀號自分旦夕死學詩爲嚴其防而寬其械分市椒餅以濟之越數日囚無一傷與脫者既放歸日侍父優游泉石曾無侘傺於中而潛思力踐不以一節自多也時浙中方苦徭役直指龐公尚鵬議條鞭法延學詩至廨中三閱日而定頒行浙中民賴以甦萬歷志隆慶初起學詩南京通政參議未之官卒贈大理少卿明史孫爾一別有傳

上虞縣志卷九

人物　列傳五

上虞縣志　卷九

上虞縣志卷十

列傳

人物

賈大亨　陸汝大曾孫宏詒　姚翔鳳　謝讜　黃之璧　謝燿　尹壇

陳佐　陳絳　陳縉　徐惟賢曾孫承清

金柱　須有文　倪紳　潘清亶

張承賁　鍾穀　謝師嚴子偉　陳王廷

徐龍德　顧充　陳汝忠弟汝孝　汝璧

石有聲　陳繼疇父旦　徐鄰子宗孺宏泰附　徐爾一子言達言近

唐藩　唐萊　黃鉞　徐如翰子廷玠弟之子

廷玲　徐艮棟　趙仲相孫履光　陳宇

徐顯　李懋芳浩然附　周夢尹　陳拱

顏日愉　徐八龍　陳仕美　陳光遠

丁進　徐景麟子遠條　陳維新　姚衍禮

曹大道　徐國泰　徐至美　倪元璐

范日謙陳一亮　曹同德　徐一誠　俞怵

陳重光　顧旦　趙德遴　陳祥麟

徐復儀　顧勳　陳明遇　陳梧

張奇初　陳庠　郭振清

明三

賈大亨字貞甫號環峯賈璠家傳嘉靖戊戌進士授行人奉使出入惟箬笥砂礶自隨萬歷志轉北御史初巡遼剳退巡撫總兵貪污不職會虜猖獗新撫未涖任大亨身任軍務與新總兵設法圖勝斬首二千餘級繼巡盧鳳淮陽拏巨惡工部主事張國維題請問斬極惡亂倫提學御史胡明善題請淩遲又奏拏揚州知府馮艮侵冒錢糧十餘萬監候追贓家傳時野雞岡決鳳陽沿淮州縣多水患乃議徙五河

蒙城避之而臨淮當祖陵形勝不可徙大亨請敕河撫二臣亟濬碭山河道引入二洪以殺南注之勢卒用其言明史河渠志○案史作巡按御史賈太亨太是大之誤還朝復按湖廣河南風節凜如河南有卞姓者坐誣大辟爲辨出之卞以厚貲陰謝峻卻之萬歷志時苗蠻不靖夏相勅三省征勦無功大亨上疏請撫得旨詣軍前撫苗散兵全活甚衆與巡撫俞湛有隙歸家傳以所遺產與弟均分人高其義萬歷志

陸汝大性純孝早失恃繼母待之少恩汝大曲意承歡不色喜不已至老孺慕不衰嘉靖三十九年任新興縣主簿

據廣東通志舊作縣丞誤有惠愛聲捐俸葺學青衿懷德子鯉官南雄同知志嘉慶曾孫宏詒字開之穎悟過人搆思淵麗藻豔追二陸髫年游泮性亦純孝丁內艱悲哀不已遂淡於進取蒐羅鴻秘較讎古今間有所得寢食俱忘著有名山集稿藏於家康熙志

姚翔鳳字夢禎鎧孫嘉靖壬辰進士少有文行先正潘府器重之初任兵部主事奉職亡害每暇輒讀書朗誦耽耽如儒生歷官至行太僕寺卿免歸益肆力於著作傾貲購奇書兀首窮年以自娛乞言者隨至隨應往往就里人俗

子與之觴弈不爲崖異人咸親愛焉年七十七終著有疏注庭傳餘生近記蘿東拙稿崇祀鄉賢萬曆志與翔鳳稍後而以文名者曰謝讜讜字獻忠才華俊逸萬曆志工詩古文詞家傳嘉靖甲辰進士授泰興令泰興維揚巖邑也宰其地者多不得善去讜築來鶴亭建柴墟公館樂與賢士大夫游見泰興縣志未及考亦以墨歸家傍蓋湖築白鷗莊於荷葉山中朝夕惟讀書著述吟咏爲事間爲樂府含杯自放不入城市者二十餘年不間生人產以故家中落至卒不能成殮知者以爲有託而逃云有海門集草言行世萬曆志讜

有族父燿字元輝亦能詩早歲性慧嗜學棄舉業弗事學詩於馮雪湖盡得其奧既悟宋元格卑力宗少陵騷壇推重焉嘗遭盜誣訴以詩理官大稱賞釋之蓋湖之心有潭如鏡燿每攜朋放艇縱酒高歌有遺世獨立之想卒無子補稿據家傳當時又有山人而以文名者曰黃白仲白仲名之璧生而秀穎不凡凊虛高潔會有家難游秣陵寄食逆旅借書巨家涉目不忘操穎成篇一揮輒妙名動江左在公卿坐上時矯首大言抗論有所得意輒大呼曰千秋千秋人號之曰黃千秋西甯侯宋世恩掌樞留都兄事儀部屠

隆見明史屠隆傳引璧爲上客三人相與定交尋被謡詠屠罷官璧爲長歌一章七言律四章贈行慨慷跌宕氣雄萬夫遂東歸僑寓虎林杜門謝客輿到棹扁舟獨往夷猶西泠南屏蒼翠間日暮乃返喜臨池落筆縱横變化若神有乞書者未嘗厭倦儀部每稱之曰仙才又曰才品不在宋處士林逋下家貧有悍婦日刺促復游秣陵卒無子女曰朝陽性明慧幼而奉佛諳内典早夭著有娑羅館詩集據屠隆撰傳

尹壇者吏而能文者也壇字時敬據家傳初習舉業不售乃棄去由掾吏入銓籍萬歷志任騰驤左衛經歷遷鍾祥縣丞

家傳未幾乞歸不失儒風好古多聞嘗補注會稽三賦萬歷志

陳佐字敬甫由鄉舉爲銅陵令嘗賑饑弭盜治聲大起會權相嚴嵩使者誣漁舟爲盜張其事於巡撫業恚舊誤作恚佐又力白其無辜則滋恚遂列佐不職免歸佐素性淡泊讀書課子之外無他好三十餘年如一日有萬石家風萬歷志

陳繹字用揚佐之族兄弟據陳氏譜幼岐嶷不凡讀書過目輒成誦姚江謝文正遷見而器之登嘉靖甲辰進士授樂平令弭盜禮士俱有成績遷工部主事督器皿廠省費以萬計或謂以所省緡錢疏聞否則以儲公用繹曰吾不以是

博名高如前官何大司空吳鵬移牒銓曹欲久任繹竟轉刑部正郎治城旦書暇則手一編呫嗶若儒生以考最出守彰德有吏李祐藉郭侍郎勢（據陳氏家傳改）盜帑金以自肥繹廉知之卽抵之法忤侍郎意量移青州繹殫心力爲理直指屢以材賢薦竟以侍郎齮齕不行僅循資格調甯前兵備甯前極邊外勢甚孤危繹至繕隍堡立屯營終其任虜不敢闌入撫按咸依以爲重在甯前五年不得調丁外艱歸服闋始以宿望不能終抑一歲間三遷至左布政使尋擢光祿寺卿轉應天府尹乞休歸著有金罍子（萬歷志）

陳縉字用章嘉靖癸丑進士垂髫時以文藝著名而儀度嚴雅操履端莊人望而敬之伯兄紹守韶州病歿縉方困諸生又體素弱間關數千里往迎其喪且撫訓遺孤俾有成立筮仕兵部主事出鎮山海關甫至虜闌入縉多方備禦遂引去已遼左大饑縉發義倉繼以常俸爲粥鋪之仍移書撫按請開海運以濟御史以其議疏聞得行暇則課衛學諸生以文且念衛學廩者徒寄虛名爲處膳粟士皆賴之晉刑部郎中病作乞歸卒於途未竟其用人咸惜焉著有蒲洲集其所經畫具見集中萬歷志

徐惟賢字師聖少授易於族祖子俊張瀚撰墓誌銘嘉靖甲辰登進士任工部主事監沽頭閘設義倉建鄉學皆有司所不及者萬歷志時妖寇紅羅亂將及沽惟賢募義兵備之寇聞遁去趙錦撰傳轉刑部員外郎遷四川按察司僉事丁憂服闋補河南鎮潁上值倭夷劫掠移駐盱眙裁防禦事宜甚備擢湖廣參議分守承天景藩之國所過校豎倚勢騷擾惟賢繩之以法羣下歛戢進四川憲副撫土獠以恩信獠人畏懷陞貴州參政改廣西遂乞歸居家事繼母不異所生以祖父遺產讓弟間與一二故老徜徉溪山中瀟然若忘

世累年七十八卒著有五橋集萬曆志曾孫承清字晏公家傳父病刲左股母病復刲右股每逢辰節哀泣終身康熙志平生積學勵行著述最多一家言有鐵冶毫素諸集國朝順治中旌孝行家傳

金柱字國楨嘉靖癸丑進士除高安令以勦巨寇周馬三功調江陰江陰近海島前令以倭反被刑柱至未浹旬倭圍城四十有九日柱誓死堅守晝奇大破之斬首千餘自是倭不敢南向有保障祠碑召入爲兵部郎柱平生剴直不能與世依阿會忤墨相遂出廬州教授尋遷裕州守招撫流

移二千二百餘家墾荒三千五百餘頃捐俸配耦給牛種麥歧兩呈國人立祠祀焉（見碑記）歷蘇郡丞濬百川以通江水塞巨浸以遏衝潮萬民永賴（詳王世貞七浦碑略）隆慶初陞廣東僉事（見廣東通志）古田獞韋銀豹黃朝猛數反廣西巡撫殷正茂與提督李遷調土漢兵十四萬命總兵俞大猷征之大猷將諸軍連克東山鳳凰寨蹙之潮水主簿廖元誘獞人斬朝猛銀豹窮令其黨陰斬貌類己者以獻捷聞正茂進兵部右侍郎改古田爲永甯州設副使參將鎮守未幾柱捕得銀豹正茂自劾詔磔銀豹京師（明史殷正茂傳）改廣西副使

平樂府江者桂林抵梧州驛道也南北亘五百里兩岸崇山密箐賊巢盤互自嘉靖間張岳破平後至是復猖獗巡撫郭應聘與征蠻將軍李錫議討之徵兵六萬令參將錢鳳翔王世科都指揮王承恩董龍各將一軍以柱與鄭茂及僉事夏道南監之破賊巢數十斬馘五千有奇獞酋楊錢甫等悉授首明史李錫傳時懷遠猺尤獷悍傷死縣官馬希武等督撫震恐柱帥兵壓境上神謀秘算擒其首傳檄四十八洞帖然歸化復置州縣官凱奏欽加三品服俸貤封父德昭母恭人吴沐三朝恩誥乞歸終養日夕承歡以孝

聞杜素性廉介居官二十餘年所存不過圖書嘗自言曰吾以清白遺子孫而已居鄉三十餘載杜門養貞義不苟合惟閭里寃抑正色敢言略無阿避年七十九卒士民流涕如失所依至立碑肖像以志不忘萬歷志

須有文字南津父母病篤有文憂苦不食夜禱於北辰兩次刲股以進病咸愈後父母終泣血三年廬墓六載有猛虎守門之異萬歷丙午卒縣令胡思伸旌其門並立碑於墓今猶稱孝子墓乾隆府志

倪紳邑諸生家貧年二十八喪其妻曹遺一女二子皆在

提抱母陸又老紳誓不再娶躬操井臼強爲紉緶以事母而撫三孤已而母死親負土以葬女適陳又早寡矢志不再醮歸依紳紳爲子娶婦使與婦操作自給二子士道士達俱庠生又俱夭紳年八十竟客死萬歷志○案倪氏譜云紳字子縉號瓔川庠生兩以賢良徵不赴授七品冠帶從祀鄉賢與此不合

潘清亶字懋誠萬歷志號雲麓休甯縣志嘉靖丙辰進士初任休甯令萬歷志有惠政得民和休甯縣志休俗貲雄健訟清亶嚴絕請託廉得其情必反覆曉諭令氣折心平嘗建樓課藝弟子員其上士風丕振如浙右轄范淶其最云休故無城清

亶力任之城成而倭至無恐己未召拜御史奉命總屯馬屯額皆中貴勳戚所割據清亶一一釐正之會疏掌院者奧援事遂出爲湖廣僉事轉參議時衡永土夷倡亂清亶撫攝而定年四十餘即引疾歸未幾卒萬歷志祀休甯四賢祠休甯縣志

張承賚字艮甫凝重端雅髫年能文父早世事母以孝聞撫幼弟爲授室弟夭復撫其孤如子以遺產畀之時承賚尚爲諸生人以爲難年四十始舉嘉靖己酉鄉闈又十年成進士任松江府推官松江爲徐相階湯沐里承賚不激

不阿階亦雅重之居無何召擢南京刑科給事中上治安疏四事世宗嘉納之卒以言事無忌拂大臣意外補江西僉事分隸九江道甫一歲值籍嚴嵩贓銀不及數議欲貸兩司贖鍰足之承賚不可折之以義忤使者適議裁冗員遂以九江道報當詣部改選賚曰吾老博一第乃復罄折人前乎遂拂衣歸歸三十餘年絶不以一書通政府故人承賚純白不欺嘗讀書郭西郊舍有婦美而豔乘間挑承賚承賚嚴辭拒之婦媿卒改行自潔鄰有搆室者地狹承賚有隙地旁近陰竊之人以告承賚承賚曰於我無大損

已矣其人慚謝此二事殆今而古道者年八十七卒據張氏家傳參萬歷志

鍾穀字心卿號百樓天資聰頴遇目成誦嘉靖辛酉領鄉薦壬戌成進士除刑部主事晉員外郎貴州司郎中秉持大體議獄多平反出守池州嚴保甲擒巨奸賑荒饑宣揚黃侍中觀靖難錄立祠置產善政纍纍旋陞臨清兵備副使濬閘運道漕受其利忤權貴歸里居家三十餘年賦詩飲酒陶然自適年七十二卒子廷英官中翰康熙志

謝師嚴字汝心號省菴登嘉靖乙丑進士授武進縣知縣

武進自兵燹後百姓凋敝奸蠹交據不知財賦積逋不問富者一典庫藏掌賦役立至摧敗師嚴厲精求治廉得其故革縣總殛豪民力搜奸蠹不得倖貸無名之費一切捐除當積翫後一時震慴行二年政清弊革盜賊賭博亦爲衰止會朝廷遣御史閱實郡縣錢穀吏胥所至索賄師嚴不能堪白之御史以過訐直御史怒反疏劾之奉旨勘問時已轉工部主事上下皆知其枉百姓伏闕爲請當事者刼於御史久之始白送部調用抵家暴卒毘陵至今賦役之清甲於江南皆其力也祀武進名宦萬歷志子偉號學菴

姿性英敏每以經濟自期萬歷壬子登賢書諭臨安六載清潔端方多士欽服陞新興令省徭緩科弭盜明刑敷政一如其父治毘陵法五載奏績士民德之建祠祀焉陞叙州府同知歸里卒祀鄉賢康熙志

陳王廷字本忠號葑石嘉靖四十年舉人萬歷間任萬載縣有政聲調瀘溪時邑初建王廷旦夕拮据築城池建公署營學校庶事日新民稱誦之後遷邳州守據建昌府志嘉慶志選舉表

徐龍德字思成三齡喪父奇穎異凡兒自幼善承母訓夙

夜敬共節母丁氏遭族窘噬指自誓時慘然不懌龍德泣慰之曰有藐孤在自能砥礪以悅親志遂甘貧力學文冠諸生食廩二十餘年數奇不第瀕貢而卒子震官大理以祖母節孝特疏詔旌其廬龍德亦以子貴贈中大夫人稱孝行所感天道厚報云著有葩經講義理學奥旨完玉稿等書萬歷志

顧充字仲達號迴瀾父吉諸生篤學善文和易端亮恒以不愧形影爲訓充才性穎異好古績學尤邃於史隆慶丁卯薦於鄉屢上春官不第益肆力於學有志著述旋任鎮

海教諭集諸生講貫經史俾邑人皆知好古兼攝定海學弟子樂其教彬彬如萬歷戊戌大司寇蕭大亨攝樞筦以充總司廳務恨相見之晚故聲望愈蔚一時名流無不推服官終南京工部都水司郎中著有字義總略古雋考略歷朝捷錄大成各若干卷據嘉慶志甯波府志捷錄大成序纂

陳汝忠字藎臣楠族兄弟子素擅藝力嫻韜略隆慶丁卯舉武闈辛未成進士授錦衣衞千戶轉北平鎮撫司萬歷壬辰哱承恩寇陝隨大司馬石星督兵進勦斬俘無算全陝妝甯壁都指揮未數日虜乘虛入梁山上命討擒之汝

忠從容畫策虜聞風遠竄歷五軍府後府都督僉事會妖
書事起被逮下獄多方磨折有慰之者汝忠慨然曰大丈
夫心地明白上不負君下不負民縱冤死奚恨後皦生光
誅復職未幾進光祿大夫前府都督同知汝忠爲人孝親
慈衆處昆季無間言仲弟汝孝亦以武第授參將會貴州
苗民騷擾汝孝總兵約束鎮撫得宜苗民安堵進五軍府
都督僉事加榮祿大夫銜一時後先輝映里黨稱二難云
嘉慶志據
陳氏家傳
汝璧字玉如汝忠族兄弟登天啓甲子副榜時
魏閹用事浙中丞潘某首建忠賢祠四方效尤官虞者集

虞士議於堂衆推汝璧居首璧曰吾欲效蓼洲故事詎畏矯旨被逮哉卒寢其事嘉慶志○案明史郭正域傳錢夢皐疏攻正域帝令正域還籍都督陳汝忠訊掠毛文尚遂發卒圍正域舟於楊村盡捕媼婢及傭書者男女十五人與皦生光雜治終無所得汝忠以錦衣告身誘尚文曰能告賊即得之令引沈令譽且以乳媼龔氏十歲女爲徵據此汝忠黨附夢皐計陷正域其人本不足取家傳所云多恐虛美宜削其傳今姑存之

石有聲字拱辰萬歷己卯經元歷任館陶瑞金以循良稱陞南昌府同知時土寇肆掠有聲勦撫有功推陞高州府知府是歲南昌大旱謁誠步禱行烈日中遇疾未及赴任卒合郡戴德肖像以祀次子元忠以禮經中萬歷乙卯經

魁康熙志

陳繼疇字師洛萬歷癸未進士父旦生有大志嘗以孝經小學授繼疇曰是可終身行之者及繼疇任泉州推官迎養謂老不及反汝苟無枉法即遺我以安矣後繼疇以冠服獻歎曰榮不及親不忍服也人皆比之陳仲弓繼疇居官善承父志丙申知泰興縣政績茂著時邑有倭警城單不堪守繼疇增建敵臺四十一座五城門各置鐵葉柵爲外護有急可施箭礮旁皆甃以磚石復濬城外濠皆深廣自是有備歲大旱爲文禱於城隍神天乃雨他若飭學宮

修邑乘開河築墩捐俸賑饑凡爲民利賴者不可枚舉泰興人多稱頌之據嘉慶志泰興縣志

徐鄰字德徵登萬歷壬午鄉薦徐氏詩書禮代多聞人獨無業麟經者族父學詩舊作伯祖誤擇宗人之俊者授之每撫鄰頂曰成吾志者爾也至是果以麟經舉謁選得徐州適歲饑發倉煮糜所全活十餘萬人稅璫陳增作威福鄰抗不爲禮悉裁供役且惕以禍福璫氣奪走遷鳳陽通判盜相戒出境直指賢之陞保甯府同知致仕歸卒年八十三子宗孺人龍宗孺號南高原名朝龍萬歷丙辰成進士

任河南陳州牧政尙寬厚守務廉潔簿書之暇集州中紳士於書院講學勿輟三載刑清訟簡文教蔚興陳以大治陞工部員外郎卒於官據康熙志及家傳宏泰字君開宗孺族兄弟子博學能文登萬歷己酉鄉薦教授於巢課士嚴月校文三無間撫弟遺孤以慈愛稱著有觀瀾集羲經注疏揲蓍草嘉慶志人龍別有傳邁字日斯人龍從姪孫生四歲喪母逢人泣索母嗣父嚴卞數笞之事之益謹嘗懷金以奉生父歸以告則又笞之逡巡曰生父貧且老兄病姪幼歲饑脫不幸將爲大人憂嗣父爲動容同母兄與從弟遺孤

三竭力撫之經紀其室人有犯不校嘉慶志據徐氏家傳○案徐承淸與邁均卒於康熙初年以皆前明遺老故不列國朝張自偉順治二年入邑庠不宜入明

徐爾一字善伯原名憲龍學詩孫登萬歷戊子鄉薦任分水教諭陞四川長壽令調綦江津時奢氏安氏反全蜀震動爾一上書當道巡撫朱燮元國士遇之與謀機密好推轂天下英俊文臣熊廷弼武弁毛文龍輩皆極許重廣甯兵潰廷弼保衆入關廷議棄市傳首九邊文龍孤懸海外督師袁崇煥嫉之借題禁海圖絕餉道爾一擬草疏訟二臣冤會崇禎元年行取補工部主事徐自任撰傳爾一即拜疏

訟廷弼冤曰廷弼以失陷封疆至傳首陳屍籍產追贓而臣考當年第覺其罪無足據而勞有足矜也廣甯兵十三萬糧數百萬盡屬王化貞廷弼止援遼兵五千人駐右屯距廣甯四十里耳化貞忽同三四百萬遼民一時盡潰廷弼五千人不同潰足矣尚望其屹然堅壁哉廷弼罪安在化貞仗西部廷弼云必不足仗化貞信李永芳內附廷弼云必不足信無一事不力爭無一言不奇中廷弼罪安在且屢疏爭各鎮節制不行屢疏爭原派兵多不與徒擁虛器抱空名廷弼罪安在唐郭子儀李光弼與九節度使同

潰自應收潰兵扼河陽橋無再往河陽生待思明縛去之理今計廣寗西止關上一門限不趣扼關門何待史稱慕容垂一軍三萬獨全亦無再駐淝水與晉人決戰之理廷弼能令五千人不散至大淩河付與化貞事政相類甯得與化貞同日道乎所謂勞有足矜者當三路同時陷没開鐵北關相繼奔潰廷弼經理不及一年俄進築奉集瀋陽俄進屯虎皮驛俄迎扼敵兵於橫河上於遼陽城下鑿河列柵埋礮屹然樹金湯令得竟所施何至舉榆口關外拱手授人而今俱抹摋不論乃其所由必死則有故矣其才

既籠蓋一時其氣又陵厲一世揭辨紛紛至攖罪怒共起殺機是則所由必殺其軀之道耳當廷弼被勘被逮之時天日輒爲無光足明其冤乞賜昭雪爲勞臣勸不從明史熊廷弼傳既而搆文龍者益衆且疑有不臣心爾一復以四不可解二不必守三不可守詆闒甯用兵失計甚以三子一孫保文龍不爲逆二年崇煥卒殺文龍又設十問發袁奸在工部三載疏凡七上五年出權荆關尋轉員外郎告歸監國時擢光祿寺少卿不起丁亥西陵軍潰扼吭而絶年六十九所著曰夢巖狂燼徐傳子言達字君上號蘧非天啟辛

酉鄉薦中崇禎癸未會試副榜魯藩監國授行人正不赴築精舍於方山題曰隱圃著有驚塵燼燕游詩草言近字君遠諸生天資敏妙隨父京邸大學士來宗道見而器之以爲館甥離亂之後絶意聞達與兄同讀書深巖足不涉圃著有時務權書嘉慶志

唐藩字翼明萬歷戊子領鄉薦廣記洽聞耿介廉直授贛州府推官贛繁劇藩下車除船稅剔奸弊讞決精明鮮寃獄贛有許姓者生四子後妻猛艾與所私謀訟前子許不能制欲以死白子寃懷揭自縊前官疑子不孝致父縊因

留獄屢詢不決藩疑囚有冤因下問里老密訪詳鞫得許後妻與所私情狀並抵死雪四子冤釋之治贛三年民誦神明以病卒於官署無餘貲士民哀思建祠祀之（康熙志）

唐萊字翼朱諸生操履端方究心理學餼滿應貢不就屏絕榮利四方從游者甚衆日與諸弟子講學於太平精舍撫按旌其廬曰太平清隱（康熙志○案藩字翼明萊字翼朱當是兄弟行故次萊傳於藩後）

黃鉞（廣東通志作越今從明史舊志）字長白萬歷癸丑（舊志選舉表黃武氏家傳作辛丑）科第一人（江甯縣志）任廣東潮州參將（廣東通志）陞廣西總兵（家傳）天

啟四年貴州賊未靖安邦彥犯普定總督蔡復一明史陸夢龍傳遣總理魯欽明史蔡復一傳與鉞分道禦之鉞及參政陸夢龍明史魯欽傳以三千人曉行大霧中直前薄賊陸夢龍傳大敗賊蔣義寨與魯欽合追至河斬首千五百餘級搜山復斬六百餘級邦彥勢窘渡河西奔欽鉞督諸將窮追魯欽傳長驅織金斬首復千級窮搜不得邦彥乃班師蔡復一傳生平功績甚偉歷官南京左都督僉事江甯縣志晉加太子太保兵部尚書家傳少孤事母孝事伯兄如父祿入悉周宗族不爲家解印南還家金陵年七十八卒江甯縣志

徐如翰字伯鷹號檀燕十歲應童子試經傳子史叩之響應郡守富公大奇之萬歷丁酉領鄉薦辛丑成進士授行人遷工部郎督理泰昌母后陵羨緡數萬司事者將瓜分籍其數以聞擢甯武道以備邊功封父母如其階陞山西兵備道適總戎與巡撫不協如翰和解之疆圉以甯會閣臣方從哲趣遼東經略楊鎬進兵敗績如翰聞報痛甚遂草疏劾從哲誤國喪師羅不測左光斗救之削籍歸熹廟初起天津兵備道河間爲魏璫桑梓地璫以一歲九遷邀之翰峻拒璫爲母建坊諛者欲列翰名翰不可璫母喪亦

不赴弔璫恚甚御史梁夢環附璫劾如翰黨邪害正復削奪思宗登極起陝西參政值流寇猖獗翰與邊帥曹文詔督兵勦捕所在殺賊廷推巡撫江北引疾歸卜居山陰蕺山之麓與陶石梁陳元晏諸君賦詩飲酒稱稽山八老著有忠孝未揚疏檀燕山集祀府鄉賢據劉蕺山撰傳參康熙志子廷玠字元度承清白之後克守先志孝友聞於鄉侍劉宗周陶奭齡講學於證人書院甚見推許崇禎間嵊邑大饑齎產往賑尋本邑屢饑復竭貲賑給全活甚衆配陶望齡女善事舅姑精通書史姻黨推爲女學士乾隆府志○案浙江通志作從劉宗周講

學於證人堂闡明性理崇禎辛巳歲大饑鬻產賑濟全活甚衆嵊邑饑復同陳際春及嵊紳邢大宗設法拯救全邑得免流移與此不合　廷玲字蠡度弟如龍子諸生家傳博學篤行教讀自怡浙江通志戊子寇警奉母間道入郡城依兄廷玠踰年歸里隱居終身工詩兼善醫著有內經注解針灸大全地理纂要嘉慶志鹿溪集宗集溪西集通志○案廷玠廷玲均没於康熙初年然隱居不仕究爲明之遺老故附如翰傳後

徐艮棟字國楨號涵素萬歷丁酉舉人辛丑進士任南京刑部主事鞫獄仁慈尋改工部擢荆關商旅便之轉廣西潯州知府服除補青州所至有惠政陞廣東惠潮副使以

平劇賊陳萬鍾靈秀功賜金褒賚晉四川按察司致仕歸居家恂恂儒雅被服如寒素以亢旱步行烈日中祈禱感疾卒子景行舉人山東德平知縣據康熙志參家傳

趙仲相號愛堂幼端凝如成人性至孝父母有不怡多方將順得歡心乃已博貫羣籍弱冠廩餼有盛名由貢歷諭遂安獲鹿教士以先器識後文藝爲巡按特薦陞廣東樂昌縣令縣故有弊俗所鬻產雖數易主新令至必訟相下車首鏟其弊民咸德之凡訟牒多勸諭出毋鍰治政三年囹圄闃然乞休致仕民隨道餞送至數十里不忍別家居

老益恭雖窶賤無忽易夏月盛暑未嘗裸袒訓子孫必動作中禮鄉人見者肅然起敬年九十六卒未歿前三日異香馥郁鄰里親戚俱聞之子三人皆有聲庠序宋醕尤至性過人色養無間以世篤孝友稱孫履祥蘇州府同知嘉慶志

履光字日含髫齡穎秀文章傑出冠時崇禎庚午登賢書出漳海黃石齋門下深加獎重石齋客游吳越相從論文得其衣鉢甲申後息心仕進優游泉石終著有下里吟康熙志

履辨亦不慕榮進閉戶著書嘉慶志○案史通書事篇云其事非要其言不經迂誕詭越無是可也康熙志趙孟周傳載死爲南豐神事有同鬼神傳錄無當體要今故刪歸軼事

陳宇字大敵號巽屏邦瑞族弟博學負奇萬歷庚子登賢書授興化令多惠政廉明稱最會揚郡蝗江都儀徵泰興諸縣食禾皆盡未幾集寶應入興化境宇跪祝曰令有罪甯死令食令肉毋食禾災我民禱甫畢大風驟起蝗卽退飛郡守異之薦調上元令時上元亢旱三月不雨宇下車篛笠草履赤日中走百里祈雨龍潭甫歸大雨如注歲乃登直指上其績於朝陞刑部主事斷獄多平反有疑獄司寇必委以詳讞刑無冤抑以病歸卒於家祀興化上元名宦嘉慶志

徐顯更名觀復字微之號一我少穎異髫年即領袖虞士
撰傳
徐如斗萬歷己酉鄉舉庚戌成進士性剛直所至發奸雪
枉勢臨之不少動嘉慶志初任順德以爭十九人冤命與糧
廳忤勘築沿海圩崖執不改拆與三邑豪貴忤淸查久冒
沙坦與省紳忤不狥童生之屬與館紳忤詰責橫肆兩承
差與制院忤繼仕仙游以改被占之寺田三百畝與義學
與封翁忤捕姦拐逃匿之神棍與中翰忤枷革挾勢騙示
之梟牙與郡守忤拿不關會擅拘之狡差與僚友忤憤刼
院質道之逆璫出揭與被刼被質者忤後遷池州推官平

反寃獄不啻數十人獨以辟一殺人父子府縣代爲出脫之商生歐死孝廉六郡嚴拘十年不到之豪棍爲快三任有司片紙出入必親經不假手他人鑑士極精待士以禮獨往自傳子去仙之日百姓遮道不得前易朝潛發始獲出境如斗撰傳旋擢刑部主事改兵部轉禮部告歸時柄國者知其名將大用之顯見魏璫漸橫且母老遂勇退嘉慶志母殁結廬太平山墓側爲終隱計自命林下一人著有拙鳴甘拙拙癖學獨宦獨禪獨等集自傳

李懋芳字國華號玉完性孝友忠誠天篤萬歷癸丑進士

初令興化弭盜鋤奸潔己守正有黠胥進金叱之胆裂場民某以女私人自焚其廬覓他屍投燼以女死誣壻懋芳燭其奸叱捕窩偵果獲女於所私家邑頌神明歲大旱飛蝗蔽天懋芳潛禱甘霖如注蝗悉赴水民樂有秋六載奏最擢御史值內艱旋里服闋入都差巡青州值魏璫燄張青廠災璫揮救諸廠得全廷臣皆稱廠臣功懋芳獨不阿歸福主上不及廠臣一字後差蘇松督學吳中搜羅名宿靡遺鄉會得人特盛時周相擅權抗疏論其植黨營私蠹政害民周胆悸出懋芳南京刷卷尋擢廷尉獄多平反會

流寇告警命巡撫山東護漕整旅累建奇功適雨雹報災疏內有小人害君子句又忤溫相康熙志劾去之俞府志出其黨顏繼祖代撫封疆淪沒廷議謂懋芳去留係東省存亡交章推薦會事留中不果覆踰年卒於家康熙志其族有浩然者號南皋以軍功授杏山所千總崇禎甲申羣寇蠭起御史金毓峒調守保定賊至力戰中流矢知事不可爲遂自刎據李氏譜○案明史顏繼祖傳繼祖巡撫山東劾故撫李懋芳侵軍餉二萬有奇又言楊嗣昌令專防德州繼祖一人不能兼顧濟南由此空虛爲

大兵所克據此舊志所云疑有失實

周夢尹字貟維號襄明登萬曆癸丑進士知江西永興縣

縣有寃獄前官莫能讞决夢尹至立爲湔雪邑頌神明後以賀某巫蠱事權貴欲陷死者十一人夢尹執不允竟罷歸起補南陽府推官內轉刑曹歷兵部職方郎時邊備積弛勑夢尹巡視九邊未幾大司農以兵餉不支議加江南浙閩田賦夢尹力爭之爲當時所忌出補廣西平樂道時八排猺賊爲亂身履行閒六閱月悉平遷廣東惠潮道時汀潮南贛流氛肆毒踞九連山爲心腹虞撫檄湖廣江西惠潮主客兵十萬討之有土寇陰爲窟宅作賊向道夢尹先計密擒而連山劇賊以次平定遂會同撫按於九連山

相地形建縣鎮平州連平展疆五百里以功晉階四級忽以大計鐫官夢尹母年八十方乞終養聞命怡然就道戊寅再補鄖襄道鄖襄流氛出没夢尹日夜防勦多所招撫又以大計去官閣部楊某疏留監七省兵夢尹知事不可爲堅辭乞終養歸夢尹錢穀兵刑瞭如指掌不倚門戶屢起屢躓居鄉政治有不便於民者言於令無隱年八十五卒著有磯公履歷康熙志○案廣東通志職官表周夢尹崇禎五年任左參政又明史張繼孟傳張獻忠陷成都四川僉事張孔教不屈死副使周夢尹疏請邮典舊志不言任左參政及請邮孔教事故附識之

陳拱崇禎元年任新安叅將征勦海寇李魁奇陣亡新安縣志

○案嘉慶志作陳拱宿字居所號燕山累擢廣東閩越漳潮南粵總兵晉征蠻經略大將軍

顔日愉字華陽明史初名洪節字德操曾孫見顔氏譜萬歷中舉於鄉崇禎初除知葉縣有惠政爲上官所惡劾罷部民爭詣闕訟寃乃獲叙用後爲靜甯州知州明史會嘩賊反所至焚刼日愉馳請固原五道兵而先率敢死士數人陽爲招撫乘賊不備遂引精兵五百直陷賊營設左右伏賊倉皇失措斬首數百級天明五道兵繼至殲之靜甯安堵甘肅通志遷開封同知明史嘗攝澠池滎陽二縣事撫恤瘡痍政績甚著大清通志一時流賊勢方熾上官以南陽要衝舉日愉爲知

府大治守具人心稍固明史十四年張獻忠破泌陽日愉登陴巡警日夜不休賊驅精壯乘雨登城日愉同指揮王汝璋分堵守望奮勇殺賊河南通志幾盡餘賊引去城獲全日愉手中一矢頭項破二刃死城上事聞贈太僕卿明史　國朝乾隆四十一年　賜諡忠烈祀忠義祠殉節諸臣錄

徐人龍字亮生萬歷丙辰進士授工部主事督學湖南嘗以武備爲急故事學使者僅止義陵凡義陵以南辰沅柳靖諸地皆就試無一按其地者人龍毅然請往每度一關必相度形勢及度辰龍關徒行盡得其要害後勦臨藍大

盜預知險易廣隘以是也遷分巡湖南道參議乞養歸崇
禎乙亥起分守嶺北道以舊城庳隘寇屢陷遂增拓贛南
五城遷蘇松兵備道按察司副使會郴桂賊起圍長沙攻
衡州上命兩廣江虔會楚合勦而檄人龍監軍時沅撫陳
某首議撫人龍曰兵未動而遽議撫此示弱於寇也必厚
集兵威摧堅陷險力足死之而後徐以情生之沅撫善其
言遂斬賊曾冬保等以狥乃揚言楚兵當勦我何爲先之
況暑不與師俟秋而前六月二十一日天雨夜晦冥忽下
令三鼓入牛矢寨賊不虞兵至大潰焚其寨牛矢爲桂陽

賊寨冠聞破諸寨膽落先是文吏極輕武弁人龍在虔首擢游擊謝志良參將董大勝引之後幕計治盜事脫所絓寶刀以贈志良至是以志良爲前軍大勝繼之志良遂自効乘勝連破數寨擒賊雷天召蔣明宇等遂以七月從臨武與楚兵合大勝以偏師繼進後連破數寨生擒渠帥劉紅鼻劉思榮等八月與粵兵合又破高獠紫獠二源并搜檀源山破寨一曰石門其餘走羅源者願輸萬金犒軍中求免勦不許會大勝自藍山還道經羅源人龍指授方略破殲之大勝以數騎追獲李荆楚於大板沖自六月至九

月凡破寨三十八生擒賊帥十有八斬級萬餘俘獲無算捷聞遷五昌道晉參政特賜召對疏譏時政與楊嗣昌忤會議邊事嗣昌議增兵內防人龍謂有進禦而無退守畫宮而守之是欲閉臟腑而棄榮衞也嗣昌怒人龍復上疏力言驅之室中不若拒之門外其利害難易相去甚具拜都察院右僉都御史巡撫山東等處歲饑題免積逋銀四萬七千兩蠲本年租增修昌邑濰縣諸城改築平度州爲石城孔兵引朝鮮船至旅順鳴鼓告急人龍密檄津門山海之爲犄角者令標將余國祚預貯火筒以焚其船至夜

襲破之獲大銅礮三十餘架特簡兵部右侍郎甲申復推戶部尚書入京至淮聞闖變慟哭草檄討賊宏光時馬士英兼本兵人龍仍爲副語侵士英且極言安置四鎭之非士英惡之使御史何綸論人龍耄失拜舞儀勒致仕時年六十九魯王監國起工部尚書閩中建號起武英殿大學士皆不答杜門却掃者七年卒著有守虔經略留虔紀實監勦隨記諸書毛奇齡徐尚書傳○案人龍以大臣不死國難宜削其傳然不仕本朝守節以終究與兩朝人有別且一生功業多有可紀卽中興錄所載討賊檄與致軍門書義憤忠勇有足多者故存之子咸清自有傳

陳仕美字君實號龍明有經世略萬歷己酉登賢書崇禎辛未知山左齊東縣涖任兩月惠政洽民會有援兵之變旁縣咸被焚掠竄匿死亡巷哭之聲相應和仕美乘馬率丁壯走境內令齊民不爲動遇有擄掠爾村民彼此悉力聲援予亦前來應接悍卒知各村有備欲擄掠之果彼此聲援仕美亦乘馬來前悍卒惡仕美之害己也欲遮道擊殺之民聞信卽環集白仕美聽仕美驅使仕美率民之聽驅使者日夜巡視如是十日民氣百倍悍卒知官民固結罔或逞乃相約太息去司憲索仕美重貲不獲誣以失陷

之律緹繫旨下士民哭聲載途有欲謀奪仕美者仕美從容就道元舅博平侯郭故齊籍也齊民赴都者千餘環侯門白其寃侯乃率齊民伏闕上疏廷臣矜疑其獄卒以權相比司憲得殊死罪訃至齊民具奠泣祭並建祠肖像以誌不朽嘉慶志

陳光遠字域維通詩書兼究孫吳韜略父必極客極邊因仗劍北行定省以錦衣衛籍入北學中京衛武舉時北人擊南人借籍者遂更名六奇崇禎元年授廣東博羅縣典史丁內艱服闋授河南河陰縣尉時河北流寇猖獗州縣

披靡當道以尉由武舉改途特舉督率民兵八百屯鴻溝且鍊且守使寇不得南渡城賴以全後因漕糧被累免官補稿。沈奎曰李璘繹史陳六奇字鳴鸞龍江衛人萬歷戊午舉人復知南甯縣城破死不知是一人否俟考

丁進字印趨號甌石博學強記通達治體尤邃於性理之學祖子中讀書好施萬歷十六年歲大饑家僅給衣食子中每減省以活貧民遇雨雪輒登樓望突不烟者餽以薪米一日娶妾至哀泣不已詢知父爲舊邑倅逋糧鬻女子中即遣還不取値居近山有虎患偶失閉門虎伏堦下子中撫其背意爲犢也虎竟去里有水碓子中失足墜臼碓

搖搖不下若有神助卒崇祀鄉賢進登萬歷乙卯鄉薦己未成進士翰林院庶吉士授檢討時魏璫假子撫民僭衣命服入朝進斥之璫怒進與同官陳子壯林釺等六人首摘其奸俱削籍璫敗六詞臣同日召還戊辰進分校禮闈晉左春坊經筵日講官上嘉悅賜金帛癸酉主試江南忤權要歸里時袁崇煥荷大帥任進逆知無成功上疏論之後竟如其言虞與姚接壤虞民代姚郵役甚苦進上章爭之著有性理等書行世康熙志。案明史韓爌傳原抱奇劾爌主欵誤國無何左庶子丁進以遷擢愆期怨爌亦劾之又黃紹杰傳紹杰疏大學士溫體仁中有庇主考丁進從寬磨勘語夫爌稱賢相進爲其會試所舉士竟以私怨劾之體仁燄相進乃爲所庇護疑其人不純正士本可就刪然六詞臣之稱要不失爲君子卽爭夫役一事亦大有造於桑梓今姑存之

徐景麟字豹璧幼聰穎以詩經領萬曆戊午鄉薦己未成進士授福建松溪令萬曆志松溪地僻俗湻毀刑具不用以譬解決民事有兩尼互訟景麟聽之以佛使偶跪合掌頂禮誦罪過百聲尼慚而退徐氏家傳奏最陞大理寺評事恤刑北直多所平反轉建甯知府惠愛一如治松溪適湖南鄖襄盜橫邑城不守擢麟副使分守其地康熙志登陴防寇適監紀陳瑫兵至疑爲賊爇礮殺其前隊瑫誣以反繫獄踰

年鄭人爲赴京訴寃得脫歸家傳子遠條字實蕃景麟繫獄走京師上書訟寃釋歸値山寇爲亂執景麟去復從艱難困苦中百計出之一時鉅公名人競爲詩以道其事嘉慶志

陳維新字湯銘號赤城英敏過人萬歷乙卯領鄉薦天啟壬戌成進士以館選限於格出補兵科給事中轉工科家傳時魏璫專恣中丞楊璉發其奸康熙志上二十四大罪疏熹宗留忠賢不加誅維新入垣即上十當斷疏曰憲臣楊璉參太監魏忠賢皇上今日尚以何法寬之臣請言不容不斷者十從來已發之奸慮深走險況朝夕左右皇上安乎

諸臣可代爲皇上安平今一孽留而中外盡處惴懾之地不斷之何以釋危疑此當斷一從來臺省職司糾彈一經指摘卽大僚引身今以同朝請劍而藐若罔聞豈忠臣矢報聖主處懷而輒欲以逆豎阻敢言之氣不斷之何以息議論此當斷二自忠賢督廠以來非刑立威百金之家夜不貼席一聞䟽參長安走卒兒童歡聲遠邇頃見聖意未决仍是洶洶重足何忠賢一去留乃關人情舒慘若此不斷之何以收人心此當斷三自忠賢專擅以來謫者監紛紛冒廕范皇親敢爾聯姻不軌不法莫此爲甚我皇祖亦

嘗寵用馮保張鯨一二臺省疏糾卽賜處分籍其產明例具在今逆浮二璫而一創猶赊不斷之何以伸國法此當斷四宮闈已事未敢深言但據枷死皇親家人一節尚復知有三宮乎一旦傳響外廷忠賢卽橫豈不憂危臣又不知椒掖之憂危若何矣不斷之何以安宮闈此當斷五璫來絲綸不信票擬相懸遂有中外否隔之憂但據傳奉一事日闕閣門把持朝政令天子不得有其明宰相不得有其職言官不得有其是非成何世界不斷之何以清朝宁此當斷六皇上加意戀貪而亦知忠賢長安第宅雲連西

山招提日麗平別墅郿塢此從何富以此佐遼不愈於竭
生靈膏血以奉軍旅乎不斷之何以懲貪此當斷七以皇
上銳意嚴明而亦知忠賢涿州之墊道僭擬乘輿飛騎之
擁呼驚傳蹕至乎以至三日偶出而司禮應票者閣筆以
待已發者急足以追蓋左右近習知有忠賢不知有皇上
之日久矣不斷之何以攬主柄此當斷八太祖之制內臣
不得典兵猶就外地言也未有握兵禁地伏金虎於宮鄰
名借未然勢張自衞包藏叵測識者危之況寸刃之禁國
制昭然今使交戟之下鼓礮金戈豈止寸刃已哉萬一不

戢之焚變生倉猝試問忠賢將何以應不斷之何以弭隱禍此當斷九日奉明旨切責各衙門玩愒成風紀綱法度十未得行一二赫赫天語諸臣誰不悚承獨念今日壞法亂紀孰過忠賢願皇上法行自近又聖諭謂朝端不宜紛擾今舉國爲忠賢一事如沸如閧令忠賢一日在側臣恐支節愈滋紛囂日甚不斷之何以定煩爭此當斷十昔者蕭望之困一石顯元帝之不斷也曹節肆陳竇之誅隨釀黨錮太后之猶豫未忍也劉瑾稔禍縉紳特武宗一時不忍其後夜分一奏立翦窮兇繇此觀之安危呼吸所關斷

不斷豈尠小哉疏入璫恚甚據陳氏家集增維新應推福建主考特點陪推不用幾入虎口會甯錦告捷晉太僕寺少卿三殿工成再晉右副都御史康熙志懷宗立加服俸一級據懇辭加叙疏時國是更張諸臣起自廢籍各立門戶借口摧殘維新又上國議不容紛囂疏大約言三案定論慈孝已光青簡琬琰長垂白日時爭三案者皆出維新亦以例出遂被譴角巾歸里虞邑水東注巽隅有羅星墩形家言風氣攸聚維新捐貲建亭其上又修葺衢路減糶賑饑鄉里多受其惠康熙志居垣時嘗爭免紹興白糧見上大司農爭免越漕書人尤德之

著有文園集荒政輯要康熙志。案明史王允成傳允成授南京御史再劾魏進忠趙南星爲吏部調之於北南星被逐御史張訥劾南星調允成非法給事中陳維新復劾允成貪險史稱允成諤諤敢言風采足重維新劾之近於誣矣又魏忠賢傳云天下風靡章奏輒頌忠賢廷臣若某某輩佞詞累牘不顧羞恥忠賢亦時加恩澤以報之而陳維新竟列名其中竊效當時劾忠賢者或以死或以竄逐維新終熹宗朝不加削奪浸至副都御史然則維新殆始劾忠賢而繼頌忠賢者乎傳本宜刪今姑存之并增入寸當斷疏俾後之君子知末途改節青史貽羞如維新者可以戒焉又其人文章事業不無可取而依附魏黨亦他無顯據存其傳亦忠厚之道所不譏也

姚衍禮字筵初猿臂有勇力崇禎初由武舉授山東自在州游擊指揮僉事陞本省定海總兵赴任經遼東東甯遇

賊連戰大破之賊窘設計引入山谷伏兵斷其後矢石交集沒於陣賊平獲屍傷九刃十三箭詔贈將軍謚忠勇補稿據姚氏家傳

曹大道號仰泉遊京師爲部掾吏考滿授江西樟樹鎮巡檢力尚清惠初樟鎮多水患大道向其高下請諸大憲築長隄民德之名曰曹公隄爲立祠以祀焉擢王府贊善崇禎十年卒於保甯府之柏林沈奎補稿

徐國泰字心湯黎墺人起武試除保安守備保安地僻武事不備額戍四百復他調崇禎甲戌七月敵數萬騎驟薄

城國泰急呼居民入保砲退之火藥絀乞之州伯閆生斗不應遂大困敵附城蟻上猶率民巷戰扼使不得下敵伏處城上昧爽大集國泰知勢不可爲驅其妻女十三人皆入井己乃升屋騰躍赴鬬過壽亭侯祠見學博馬承圖率諸生草降拉國泰與俱國泰斥之遂羣噉焉拔刀自刎左右持之遽躍入井中死事聞予卹賜節義成雙楔其入井十三人者元配薛妾王弟履泰之室趙妾李外母劉暨三女三婢也倪元璐節義傳○康熙志作贈參將世襲總旗諭祭

徐至美字羽君崇禎甲戌武進士授杭州羅木營守備陞

湖廣操捕都司癸未五月獻賊圍武昌分守黃鶴樓率兵力戰被重創死越殉義錄　國朝乾隆四十一年　賜謚烈愍祀忠義祠殉節諸臣錄

倪元璐字玉汝號鴻寶涷之子年譜性奇敏五六歲即能文詞蔣士銓撰傳作牡丹賦父取視甚悅謂終不落人後年譜天啟二年成進士改庶吉士授編修冊封德府移疾歸還朝丁卯出典江西鄉試明史命題譏切會思宗踐祚忠賢伏誅幸免於禍年譜楊維垣者逆奄遺孽也至是上疏並詆東林崔魏元璐不能平崇禎元年正月上疏曰明史臣見在廷章奏

攻崔魏者必與東林並稱邪黨夫以東林爲邪黨將以何名加崔魏崔魏既邪黨矣擊忠賢呈秀者又邪黨乎哉東林天下才藪也大都樹高明之幟或繩人過刻持論太深謂之非中行則可謂之非狂狷不可且天下議論甯假借必不可失名義士人行已甯矯激必不可忘廉隅自以假借矯激爲大咎於是五虎五彪之徒公起而背畔名教決裂廉隅頌德不已必將勸進生祠不已必且呼嵩而人猶且寬之曰無可奈何不得不然充此心也又將何所不至哉乃議者能以忠厚之心曲原此輩而獨持已甚之論苛

責吾徒亦巳悖矣末復言韓爌文震孟當用書院當復年譜
疏入以論奏不當責之於是維垣復疏駁元璐元璐再疏
曰明史臣前疏原爲維垣發也陛下明旨一則曰天下爲公
再則曰化異爲同三則曰分别門戸巳非治徵而維垣必
曰孫黨趙黨熊黨鄒黨陛下於韓爌則曰忠清有執於文
震孟則曰起用而維垣必曰爌非賢震孟不簡陛下事事
公虛而維垣言言我見維垣謂臣盛稱東林以東林嘗推
李三才而護熊廷弼也亦知東林有首參二十四罪之楊
璉戍擬崔呈秀之高攀龍乎以忠賢窮凶極惡維垣猶尊

稱之曰廠臣公廠臣不愛錢廠臣知爲國爲民而何責乎
三才以彪虎之罪應處斬法司僅擬削奪維垣不聞駁正
又何尤乎廷弼維垣又謂臣盛稱韓爌夫舍爌昭然忤璫
之大節而加以罔利莫須有之事已非篤論至廷弼行賄
之說乃忠賢造此以殺楊左諸人謂移宫一案無從蟣以
受賕於是改爲封疆四出追比此天下所共知維垣猶守
是說乎維垣又謂臣盛稱文震孟夫文震孟忤璫削奪其
破帽策蹇傲蟒玉馳驛之人此何可譏維垣試觀數年來
破帽策蹇之輩較超階躐級者孰爲榮辱自此義不明相

卒而頌德生祠呼公呼父而不顧可勝歎哉維垣又謂臣
盛稱鄒元標夫元標峭直寬和若誑之爲婪取多藏猶之
稱璥臣不要錢臣雖斬首穴胸不敢聞命也故謂都門聚
講爲非則可謂元標講學有他意則不可當日忠賢驅逐
諸人拆毀書院者正欲箝學士大夫之口而恣其無所不
爲自元標以僞學見逐而逆璫遂以眞儒自命學宮之內
儼然揖讓宣尼使元標諸人在豈至此哉維垣又毆臣矯
激假借兩言夫當崔魏之世人皆任眞率性爲頌德生祠
呼公呼父使有一人矯激假借而不頌不祠不公不父豈

不猶賴此人哉維垣又謂遇小人待其惡稔可攻去之臣以爲非計也必待小人惡稔其壞天下事殺天下人不知凡幾雖攻去之不已晚乎即如崔魏惡稔久矣不遇聖明誰攻去之維垣終以無可奈何爲附黨者解嘲假或呈秀一人舞蹈稱臣於璫諸臣亦無可奈何而從之又令逆璫以兵刼諸臣使從叛逆諸臣亦無可奈何而即從叛逆可乎維垣又言今日之忠直不當以崔魏爲對案夫品節忠邪試之於崔魏而定有東林之人爲崔魏所恨必欲殺之逐之者正人也有攻東林之人雖爲崔魏所借而勁節不

阿或逐或奪者亦正人也以崔魏定邪正猶以明鏡別姸媸維垣奈何不取法於此乎總之東林之取憎於逆璫獨深其得禍獨酷在今日當曲原其高明之概不當毛舉其纖悉之瑕而徒欲與逆璫以首功代逆璫以分謗斯亦不善立論者矣年譜疏入柄國者互相詆訾兩解之是時元兇雖殛其徒黨猶盛無敢頌言東林者自元璐疏出清議漸明而善類亦稍登進矣元璐尋進侍講其年四月請燬三朝要典言梃擊紅丸移宮三議鬨於清流而三朝要典一書成於逆豎其議可兼行其書必當速毀蓋當事起議與

盈廷互訟主梃擊者力護東宮爭梃擊者計安神祖主紅丸者仗義之言爭紅丸者原情之論主移宮者弭變於幾先爭移宮者持平於事後數者各有其是不可偏非總在逆璫未用之先羣小未升之日雖甚水火不害壎箎此一局也既而楊璉二十四罪之疏發魏廣微此輩門戶之說興於是逆璫殺人則借三案羣小求富貴則借三案經此二借而三案之面目全非故凡推慈歸孝於先皇正其頌德歌功於假父又一局也網已密而猶慮遺鱗勢極盛而或憂翻局諸奸乃始創立私編標題要典以之批根今日

則衆正之黨碑以之免死他年即上公之鐵券又一局也由此而觀三案者天下之公議要典者魏氏之私書三案自三案要典自要典今爲金石不刊之論者誠未深思臣謂翻即紛囂改亦多事惟有燬之而已（年譜）帝命禮部會詞臣詳議議上遂焚其板侍講孫之獬忠賢黨也聞之詣閣大哭天下笑之（明史）時元璐屢疏爭時事蕭山來宗道笑曰渠何事多事詞林故事止香茗耳時謂宗道清客宰相云（明史來宗道傳）二年四月（年譜）遷南京司業右中允四年進右諭德（年譜作左諭德）充日講官（年譜遷左諭德充日講官作六年）進右庶子（年譜進右庶子作七

年上制實八策曰離插交曰繕京邑曰優守兵曰靖降部曰益寇餉曰儲邊才曰奠輦轂曰嚴教育又上制虛八策曰端正本年譜作正根本曰伸公議曰宣義問曰一條教曰慮久遠曰昭激勸曰厲名節曰明駕馭據年譜其端政本悉規切溫體仁其伸公議則詆張捷薦呂純如謀翻逆案事捷大怒上疏力攻元璐疏辨帝俱不問八年遷國子祭酒明史奏陳造士八議年譜元璐雅負時望位漸通顯帝意嚮之深爲體仁所忌一日帝手書其名下閣令以履歷進體仁益恐會誠意伯劉孔昭謀掌戎政體仁餌孔昭使以冒封攻元

璐遂落職閒住明史詔於七月朔下是日日食有山人黃太和颺言曰倪先生此一處分在實錄最可觀七月朔日有食之國子監祭酒倪某罷居庸失守或以告元璐笑曰此言似佞而不厭也所知以去位弔元璐曰六年陟屺七疏陳情非苟人言何緣予舍知者宜賀奚弔爲年譜既歸名益重天下求文字筆楮者得其霏絮如貧子之拜金璧黃道周撰墓誌銘　十五年九月詔起兵部右侍郎兼侍讀學士明史元璐以母老疏辭甚力已聞畿輔震驚徵兵入援元璐乃長跽告母遂毁家募士號召義旅得敢死士數百人抵淮欲大

募鹽徒鼓行入衛問糧艖使者不應乃投袂起曰吾郎不
能捍衛旦夕必達不貽君父憂將三百騎夾趨衝險出濟
北年譜明年春抵都陳制敵機宜帝喜五月超拜戶部尚書
兼翰林院學士仍充日講官祖制浙人不得官戶部元璐
辭不許明史乃奏曰必使臣當有三做一實做先準餉以權
兵因準兵以權餉則數清而用足一大做凡所生節務求
一舉而得鉅萬毋取纖濇徒傷治體一正做以仁義爲根
本禮樂爲權衡政茍厲民臣必爲民請命奏未終上褒歎
曰卿眞學問之言根本之計乃叩首謝受事年譜帝眷元璐

甚五日三賜對因奏陛下誠用臣臣請得參兵部謀帝曰已諭樞臣令與卿協計當是時馮元飈爲兵部與元璐同志鉤考兵食中外相望平治惟帝亦以用兩人晚而時事不可爲左支右詘旣已無可奈何故事諸邊餉司悉中差元璐請改爲大差兼兵部銜令清核軍伍不稱職者即遣人代之先是屢遣科臣出督四方租賦元璐以爲擾民無益罷之而專職撫按戶部侍郎莊祖誨督勦寇餉憂爲盜劫遠避之長沙衡州元璐請令督撫自催毋煩朝使自軍興以來正供之外有邊餉有新餉有練餉款目多點吏易

爲奸元璐請合爲一 帝皆報可時國用益詘而災傷蠲免又多元璐計無所出請開贖罪例且令到官滿歲者得輸貲給封誥帝亦從之先是有崇明人沈廷揚者獻海運策元璐奏聞命試行乃以廟灣船六艘聽運進月餘廷揚見元璐元璐驚曰我已奏聞上謂公去矣何在此廷揚曰已去復來矣運已至元璐驚喜聞上上亦喜命酌議乃議歲糧艘漕與海各相半行焉十月命兼攝吏部事陳演忌元璐風魏藻德言於帝曰元璐書生不習錢穀元璐亦數請解職明史十七年正月據年譜改正命以原官專直日講奏撤桑

穰中官二月思宗御經筵元璐講樂只君子節畢因諭曰今邊餉匱絀壓欠最多生之者衆作何理會元璐對曰聖明御世不妨經權互用臣儒者惟知守誠之道藏富於民耳不引謝去明日思宗御煖閣召輔臣諭曰從來講筵有問難而無詰責昨日偶爾朕之過也先生每宜救正朕仍傳諭講官照常啟沃毋生避忌時賊逼畿輔元璐陳守禦邊援之策又請命青宮循宋康王故事撫軍南出以鼓東南之氣未報三月五日賊勢日急元璐謂所知曰今無兵無餉無將無謀而賊如破竹人心瓦解然吾必泰然以上

初無失德豈有如此聖英而一敗塗地者但近日舉動多手忙心亂吾受恩深重無可效者惟有七尺耳十九日都城陷年譜元璐整衣冠拜闕大書几上曰南都尚可爲死吾分也勿以衣衾斂暴我屍聊志吾痛遂南向坐取帛自縊而死明史南都立詔褒忠烈第一贈太保吏部尚書謚文正祠祀京師曰旌忠任一子金吾世襲年譜　本朝賜謚文貞明史順治八年特遣官致祭立祠京邸春秋祀焉康熙十一年浙江巡撫范承謨捐俸令郡守張三異營其葬事嘉慶志

子會鼎自有傳

范日謙字良生英姿博學爲黎博菴首拔士精研周易善古文詞聲重一時康熙志倪文貞見其文大驚曰吾國安得此人良生近業倪元璐序延爲子師甚嚴敬之康熙志同時陳一亮字石窗東髮即有聲庠序後復研精理學從游日衆所造多知名士居家孝友臨財不苟著有眞知篇覺知篇其族文斗字雲生著有五經悟本金匱總篇栢枝顛想夜明詩集士章字起潛注有崑崙策倪文正聞雷集劉念臺聞風集並著有養志力行孝括眞知諸篇行世嘉慶志○案康熙志曰謙後有陳懋觀傳懋觀爲國朝歲貢何得入明其著述杳無可紀以入文苑亦多愧色今故刪之

曹同德字同野事父大化曲盡孝養康熙志○李府志作事祖盡孝殆誤以康熙志事父大化爲事大父化故也與兄姪相友愛虞邑官塘圯數百丈康熙志作數千丈積雨則淹水際同德捐貲甃以石悉成坦途行人頌義遇歲歉作糜廣賑全活無算邑令表其閭曰世德李府志

徐一誠字廣寅讀書制行動循禮法出入必遵父命事繼父晉承順顏色進奉甘旨一如所生友愛昆弟內外無間言鄉里有貧乏者賑貸不求其償年九十以耆望膺賓筵盛典康熙志○案曹同德徐一誠時代無攷曹之子章爲國初人而徐傳舊列曹後想皆明季人故附於此

俞忭字紹南性孝母王早逝事繼母金如所生父患痰疾終夜不能寢忭夜不解帶首不着枕以身支父背而抑搔之經久弗替父病劇籲天刲股以療後父舉百金私與忭忭假父命呼姪輩公分之妻吳繼妻蔣俱克孝崇禎間潮決江塘歲大饑忭捐金賑濟郡守王公表其閭曰仁孝康熙志○案忭明季人舊志入

國朝備稿改歸明今從之

陳重光字而新生而奇偉虎項駢脅聲若洪鐘讀書至忠孝事輒慷慨悲歌天啟改元年十六時邊境多事兵戈日起重光乃盡讀風后握奇俞戚二將軍圖陣諸書習劍擊

騎射走京師歷居庸宣大凡西北要害罔不周知會洪承疇總制三邊重光獻計平陽承疇用之賊趙四兒就擒辟重光中軍守備六年同張道濬擊賊陽城設伏三纏四賊至伏起斬其魁生擒賊首滿天星巡撫許鼎臣獻俘奏功歷陞中軍游擊尋署太原參將時蔡懋德撫山西見重光軍容嚴整器之與參軍應時盛恃爲腹心以平五臺交山等寇疏其忠勇善戰得士卒心陞眞定參將十七年陳氏譜作十六年二月李自成陷懷慶疾趨眞定中軍將何載與知府邱華茂降賊刼總督徐標殺之急馳至賊已入與賊巷戰

斬首數百力竭自刎死其從兄同芳字旭飈官京營都司

京師陷亦不屈死時人稱陳氏雙忠云嘉慶志○案陳氏譜不言同芳死難嘉慶志不知何據

顧旦字君輝爲永川丞攝縣篆崇禎甲申流寇蜂屯越殉義錄

旦倡義固守誓以死殉生擒僞將何湛元等城賴以全康熙志

陞銅梁令獻賊攻城旦堅守數月糧盡援絶城陷被執

不屈死越殉義錄　國朝乾隆四十一年　賜謚節愍祀忠義

祠殉節諸臣錄

趙德遴字公銓號端明天啟甲子鄉薦崇禎庚辰任四川

東鄉令邑隸夔門爲賊淵藪出沒無甯歲康熙志德遴殫力守禦者六年乙酉夏賊圍城城上礮弩齊發多中賊賊竟由地道入勢不可支挽印望闕再拜投井死尉王佐收其骸井中獲佩刀衣履殯於西郊越殉義錄元妙觀側子振芳爲新都知縣奔奉骸骨歸後陞建甯府同知浙江通志國朝乾隆四十一年　賜謚節愍祀忠義祠殉節諸臣錄

陳祥麟性樸行篤英年力學聞甲申都門之變鬱鬱不伸遂廢食忘寢悲歌號泣整冠北向服滷而卒康熙志

徐復儀字漢宵惟賢四世孫據家傳崇禎癸未進士家居聞

京師陷慟哭誓討賊福王立南都授刑部員外郎案治逆
臣罪有能聲出典雲南鄉試未至而南都破時人心洶洶
復儀講賓興禮如故夜謁黔國公使陳兵衞以鎮撫之士
夷遂不得逞順治乙酉閏六月唐王聿鍵僭號福州起翰
林院編修丙戌八月　大兵下福建復儀幅巾草履走千
里歸辭父母妻妾獨居山中日誦離騷或從危崖躍而下
一日風雨晝晦慟哭投谷中死目尙張父承寵翹持其首
哭之乃瞑越殉義錄乾隆四十一年　賜謚節愍祀忠義祠殉節
諸臣錄○案余增遠翰林學士雪漕徐公墓誌銘云命試
滇南歸朝論重公改授翰林學士泣辭不報未幾閩粵陷

公幅巾草履走千里歸家拜父母牀下遽辭去妻妾邀與語不可是夕竟去宿三十里外獨居旦誦易夜讀離騷所居常林莽或登崩崖從上墜或入大窖夜寢其中虎豹觸之不爲怪絕粒者如是三四年歸家問視適大風雨晝晦傳聞兵四合家人散去竟於是夕野死徐自任刑部員外郎雪潭先生傳云隆武監國改翰林學士時政由鄭氏先生心不平棄官去抵浙閩閣臣黃道周被執未幾閩破隆武以俘虜報又未幾西陵軍潰故魯國航海先生撫膺慟哭歸與父母訣遂祝髮宿二里許外出入幽篁雪窖閒己丑冬將歸省忽大風雨晝晦猝斃於麓隅茨棚下徐承清明部郎雪潭姪行狀云典滇試歸訪浙道阻絕將遵閩抵浙閩大擾散去二僮隻身覓僧舍僧懼不納祝髮始有留者久之習行脚跋履詢鄉關以歸大清一統志云浙東破泣奔蹲山投空谷以死或云扼吭死復儀死事言既入人殊卽如殉義錄云起翰林院編修而墓誌銘與傳則云改翰林學士殉義錄與墓誌銘云獨居山中傳云祝髮殉義錄不言死於某甲子墓誌銘渾云如是者三四年而傳則云已丑傳云歸與父母訣遂祝髮行狀則云試滇歸閩擾

覔僧舍不納始祝髮其事率多參差無可折衷今故錄越殉義錄而附載誌傳行狀於下

顧勳字碩功魯王時晉伯爵江上兵潰守嚴州全家死越殉義錄

陳明遇邵長蘅閹典史傳作明選崇禎末江陰典史居官以長厚稱大清一統志國朝順治二年嘉慶志五月南京亡列城皆下閏六月朔諸生許用倡言守城遠近應者數萬人明遇主兵用徽人邵康公爲將而前都司周瑞龍泊江口相犄角戰失利　大兵逼城下徽人程璧盡散家貲充餉而身乞師於吳淞總兵官吳志葵志葵至璧遂不返康公戰不勝瑞龍

水軍亦敗明遇乃請寓居江陰前典史閻應元入城屬以兵事　大兵力攻城明遇與應元守甚固東平伯劉良佐用牛皮帳攻城東北城中用礮石力擊良佐乃移營十方菴令僧陳利害良佐旋策馬至明遇與應元誓以大義屹不動及松江破　大兵來益衆四圍發大礮城中死傷無算猶固守八月二十一日　大兵從祥符寺後城入衆猶巷戰男婦投池井皆滿明遇及用皆舉家自焚應元赴水被曳出死之明史閻應元傳乾隆四十一年　賜諡烈愍祀忠義祠殉節諸臣錄○嘉慶志作明遇與應元守城凡八十一日每巡城拊循士卒相勞苦或至流涕城破明遇下騎

搏戰遂被殺身負重創手握刀僵立倚壁上不仆闔門赴火死

陳梧字膚公官都督僉事定遠將軍嘗奉命西征擁兵蛟門辛卯九月　大兵下舟山死之越殉義錄

張奇初聞李自成陷京師欲自殺時全浙猶奉明朔宗黨止之乃已及　王師渡江遂遁去不知所終嘉慶志

陳庠字泮黌天姿卓犖善屬文慷慨有大節甲申鼎革後坐臥一小樓不復下親朋至門亦莫能見凡五閱歲而卒門人題墓以干支紀年女孫妻謝璜守節不奪死海寇之難沈奎補稿

郭振清號霞賓常熟令南之後崇禎六年歲貢入都謁選倪文貞聘教二子時倪官祭酒膺眷獨隆人皆慶振清可得美選清曰使吾以交翰林故得美選天下其謂我何不受選後歷任奉化錢塘教諭值歲大荒死者枕籍白上臺賑濟庠士之貧者多餓死爲申貧士冊計口給食不敷捐己俸賜焉甲申聞國變率諸生慟哭先師廟遂發喪數日挂冠歸　國朝順治初邑令邊勝算欲以賓禮見固辭不出復盛輿馬强之行至中途稱疾返令知不可屈遂止甲午卒於家所著有毛詩章解魯鄒參級諸書各章解地理

千金求等書據種月軒遺草增

案舊志明代人物傳有王翊高岱張自偉鍾禮洪鍾陳大賢趙孟周韓廣業今攷諸人翊屬餘姚見殉節諸臣錄餘姚縣志岱屬會稽見明史及俞得鯉種月軒集及府志鍾屬錢塘見明史及浙通志杭府志大賢山陰見府志及陳氏譜均非虞人故刪鍾禮改入方伎孟周刪歸軼事廣業列之寓賢自偉入之國朝至羅瑞元杳無事實嘉慶志以國戚一門無人强拉入此亦見課餘卮言今人雜記尤宜從刪若陳秉全張棨陳懋觀俱歸列落說已詳前其他所增各傳均有根據不敢闌入間附攷證亦原本正史及諸書至於時日無多搜羅未廣陋略之弊知所不免訂譌補漏尚有俟於後之君子

上虞縣志卷十　列傳六

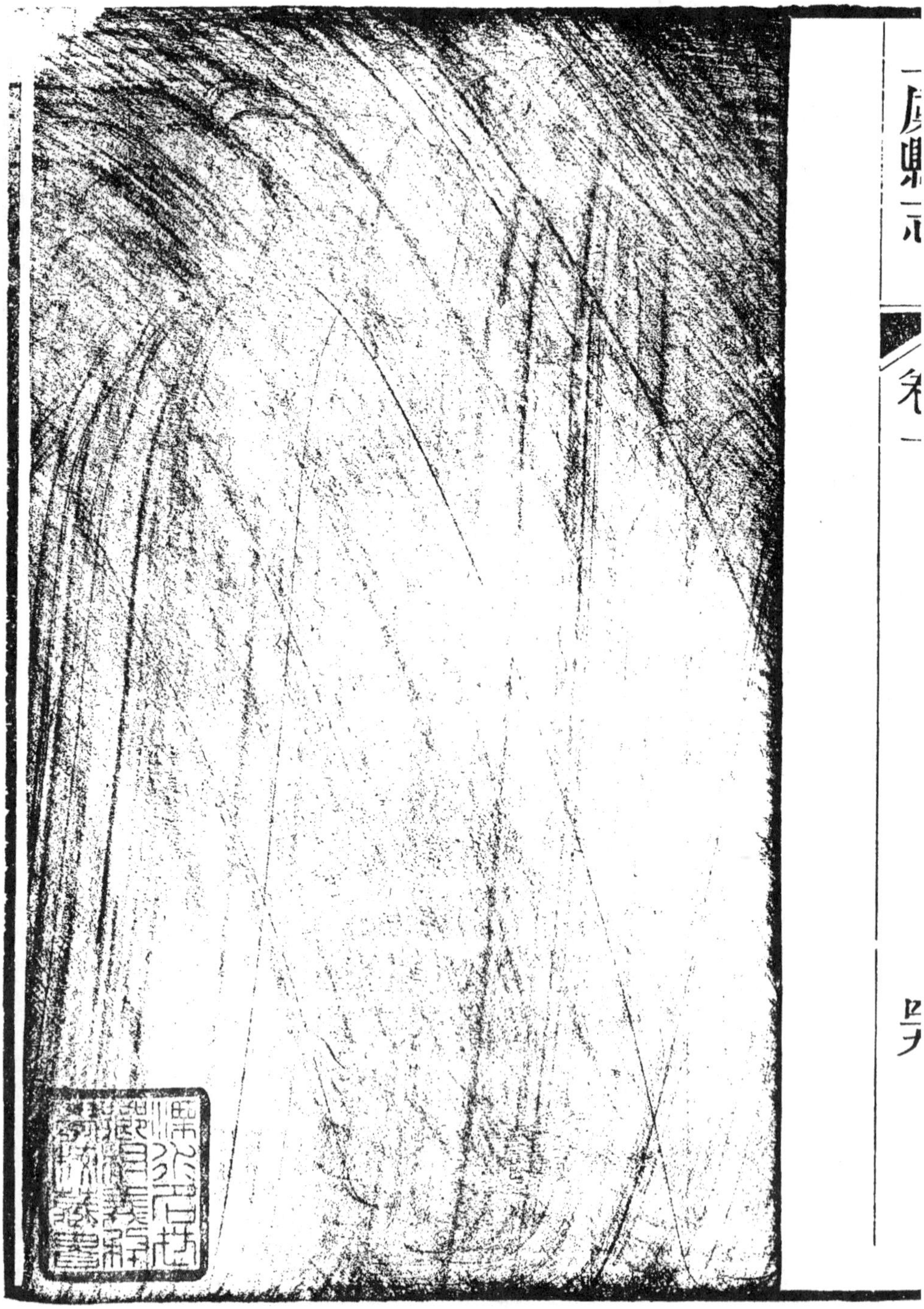

上虞縣志卷十一

列傳

人物

倪會鼎 弟會稔 從弟會宣　王世功 子毓麟 鼎新

周祖唐　黃應乾　陳萬林　曹二鳳 袁翊元 丁寶邦

謝衢亭　陳泰交 曹鳩 張自偉　徐繼科

徐復恒　俞得鯉 兄得鯤 王元暉　章振宇

俞有章　唐徵麟 父甡 徐增燦　葛翊宸

李平　曹之參 子謙吉 恒吉 從弟章 章從子鼎吉

成惟悌　姚鼎　王全璧弟全琮　胡元彪元孫鍈鑰鍈曾孫仁燿

陳啟麟　楊文蔚　范廷耀林貞儒　徐驤

丁廷瑞　宋球　葛延濂　張成元子宏訓宏毅

俞木　陳文煥全義僕　朱璘父鼎祚　何惟貴　徐旦

陳岸三　張鳳岐　陳皓瑜子詩　韓玉儉子雲

徐咸清從弟允定　錢霍　杜淇英　丁鶴

范蘭　鄭平　趙完璧　陳步雲

謝甯渙　陳作霖　羅羽豐　謝宗嶽

徐允達兄子自任自信　胡世昌　夏熙　李蘇

徐雲祥 弟雲瑞　陳赤爲　葉蓁　李國梁

陳兆成　徐允章　徐金甌 錢登俊　黄璧敏

國朝一

倪會鼎字子新號無功文貞元璐子也幼侍京邸嘗偶憩樹下中貴數人望見丱角儒雅遺使請接席語會鼎念父方奏撤宦官亟謝去時才十四齡耳黄道周謫官道出越州養疴於衣雲閣會鼎從之受業其後周旋患難間摳衣函丈晰性命之理務經濟之學謂巨寇方縱横而人不知兵家田樹幟空言無實用此吾黨之憂也文貞殉國難時

行旅斷絶乃鶵結奔喪潛約壯健十餘輩散布討賊之檄於豫魯間令各驅僞官逐土寇以應扶柩歸里第福王召襲錦衣職不往史可法寓書勸之會鼎謝曰今在朝則具盧杞秦檜之奸在鎮則萌王敦李懷光之逆公大臣也支持半壁若某則棘人耳其敢以燕雀處堂負明訓哉唐王立閩中道周薦其有用世才改授兵部職方郎中固辭道周復貽書曰僕以足下好學深思不敢蔽賢所期借箸前籌勞其方寸匪遽謂束帶彈冠居然錦稻也足下所惴惴者三年燧耳正使縞冠素韠出入戟門於僕何損於君何

譏乎卒不拜且以地歷民離上書唐藩謂今者僅以一成
一旅之資申畫郊圻然無食無兵揭竿斬木之衆卒皆市
井白徒荷戈則爲象物脫巾則爲驕兒其視宋之祥興相
去幾何夫存亡之幾間不容髮今文武如水火自一二正
人外無可倚者盍遣使婉約通誠或得休息境內萬不可
則亦如虞賓之奉唐祀無餘之守越封耳議未納而唐藩
且召道周引兵趨婺源會鼎方病臥力疾上書略言用兵
之道必求萬全今方略規模一無可恃而率烏合之弱卒
輕於一試誠不知其可也　王師定全浙會鼎祖母既大

耋母王又屢欲以身殉杜門奉養不敢頃刻離康熙十年
詔舉山林隱逸有欲推轂者會鼎曰某少嬰喪亂今得
身親太平稱聖世之逸民亦幸矣文貞殉節時家貧不能
營葬
世祖章皇帝恩旨褒卹且有墓田之錫以供烝嘗會鼎春秋享祀
必率子姪炷香北望叩頭而後入家廟母年九十餘會鼎
年七十而侍晨夕母子之間衣不純采歲在辛壬間蕭邑
西江塘壞會鼎請合山會以助蕭山按畝輸課分段鳩工
復命子運建董其工自麻溪至褚家墳延袤四十里保障

屹然初道周之死事也會鼎方以病寓徽慟哭持弟子服爲合斂金陵寄其櫬於僧寺膠州高宏圖絕粒越中爲權殯於雲門山其後二公皆得歸葬華亭陳子龍淸江楊廷麟皆文貞高弟也會鼎訪問遺孤力致周卹乾隆府志晚歲家貧有山陰令持兼金百兩以資膏火三至三返之浙江通志鍵戶著述人莫識其面取通志通典通考三書件繫條貫之又采大學衍義融以論斷勒成一編曰治格會通凡二百七十餘卷又著明儒源流錄二十卷古今疆域合志越水詹言其詩古文詞別爲一集卒年九十有七祀鄉賢乾隆府志

弟會稔字子年博通今古不慕榮勢著有滿聽軒詩文集

從弟會宣字爾猶號恒園諸生性孝友父元瓚病劇刲股以療年八十餘猶手不停筆善八分書世推第一著有經史綱目二百卷蘭亭備考杜詩獨斷恒園集各若干卷倪氏譜

王世功字九維邑人滿洲籍金華府志父誠佐大司空家傳稱佐御史大夫潘文忠季馴治河渠著異績陳鶴徵事略序任山東東昌通判世功幼嗜書慷慨有大志康熙志屢試不售遊江淮維揚閒父卒客燕數年不得志時母弟振遠在山海關爲總戎陳東明

器重世功往採之一時人傑劉方輩皆與定交無何扺祖大綏幕爲規畫時務張尚撰事略崇禎四年清兵破大淩河世功隸廂黃旗下家傳會遼左建孔廟置博士弟子員世功補庠生　國朝有天下明年乙酉　特旨召用世功偕秦端寰張葵軒等二十人詣闕丙戌授晉州知州甫下車即葺學宮贍煢獨剔奸弊均徭役盜相戒不入境築滹沱河舊堤使數萬生靈獲免巨浸民尤尸祝不衰九閱月行取補廣東道御史旋奉　命按甘肅等處兼督臨洮鞏昌學政崇雅黜浮士風一變會涼州差官擄民婦惑搖回族殺差

官反甘州回俱反世功在蘭州蘭回買燈華亦聚黨鼓噪世功坐堂皇呼至案前責以大義蘭回服其威德不敢遽加無禮未幾卒反蘭州失世功守鞏昌擊反者賊復糾甘肅諸回至適總督孟喬芳遣兵來援世功率城中兵出擊內外夾攻賊死幾盡（事略）甘肅臨洮等郡以次俱復（家傳）喬芳美世功才欲深相結世功重違其意以是偉績不獲上聞（事略）閱二載庚寅　命督長蘆鹽政（家傳）時兵荒之餘灌莽千里世功通商安竈鋼空額禁私販（事略）齊雒至今誦之（康熙志）以拂當路意調補金華縣令世功辭以祖籍越郡冢宰不

許遂赴任時順治九年八月也事略金華自兵燹後府廳公署暨學宮皆燬弘濟通濟二橋並壞世功捐貲重修縣庠砌造橋梁郡守夏之中建府堂及各廳世功協濟督理不辭勞費又給貲七寶寺僧檢埋枯骨金華府志其他修邑志清里役革除錢糧火耗禁止餽送俗例事略百廢修舉政成人和士民感服丙申大計舉卓異

世祖特賜袍帽以示褒寵任金華十一載慈惠簡易民頌父母繼升知州以年老致仕卒康熙志初世功之按甘肅也秦民困漢運千里陸行世功請以楚糧濟漢中以秦賦抵楚額總

督孟公用其言疏行事略入謂識高澤厚云陳序長子毓麟字遇鳴事略諸生康熙志嘗散金辭榮遄歸子舍陳序亦奇士事略三子哈方鼎新由筆帖式梅勒章京任清流任縣知縣性至孝母病刲股和藥以進及卒銜哀泣血寢食俱廢鄉里稱爲孝子家傳

周祖唐字瑞生明都察院右副都御史夢尹長子案夢尹傳不言爲副總憲周氏譜言陞光祿寺正卿都察院右副都御史此故云然由諸生援例入貢隸東安籍　皇朝定鼎効力閩撫佟大將軍帳下有功授海澄縣教諭順治四年四月涖任駐札學城學城者離縣二里

許爲商賈海艦聚泊所學宮在焉六月初四日鄭芝龍餘
孽成功破海澄遂至學城執祖唐至舟中祖唐諭成功曰
方今四方一統汝父束身歸誠分也汝復欲何爲不聽逼
令改衣蓄髮祖唐厲聲曰我奉　命官玆土甯斷我頭肯
蓄髮耶賊猶豫未決時鄭遵謙在旁力勸殺之謙潮州海
陽縣進士曾倡亂浙東與祖唐素有隙遂遇害時六月丁
亥友人熊雨般孫碩膚及子夢九收葬於厦門水仙宮之
旁乾隆六十年　賜祀昭忠祠世襲恩騎尉嘉慶志○按昭忠祠列傳
作順治初大兵南下祖唐投將軍佟岱軍隨征入閩四年
敘功授海澄教諭海寇鄭成功圍城祖唐集鄉勇拒捍誓

以死守城陷持大義曉諭賊令易衣不從縶至厦門脅降祖唐厲聲大罵曰爾背親逆命必貽後悔賊怒殺之

黃應乾字元甫一字元公由恩貢謁選令廣東高州之吳川三載有異政杭世駿撰傳愛民作士一邑翕然向化鄭僑撰傳順治十年七月西寇葉標陷城廣東通志應乾率兵民巷戰兩晝夜昭忠祠列傳被執不屈死之廣東通志乾隆六十年　賜祀昭忠祠世襲恩騎尉嘉慶志○案廣東通志及鄭僑杭世駿兩傳書應乾官均稱吳川知縣死難事在順治十年陷城者作西寇葉標而舊志所引昭忠祠列傳惟率兵巷戰一語與杭傳同其他云縣丞云順治四年云土寇龍泉等均不符今薈萃諸說擇其可據者從之

陳萬林字行一成童時爲總漕沈清遠父承泉所器招爲

壻長有大志事父母以孝聞依依膝下未敢遠遊終二人
制始挾策上燕都值　興朝定鼎隨擢用仕蕪湖縣貳尹
署理縣篆清刑簡訟招集流離民賴以安督撫交薦陞徽
州府佐惠愛寬和民甚德之引年乞歸屬歲歉捐貲設粥
通衢全活無算康熙志

曹二鳳年十一順治三年夏偕父明宇兄一鳳卧樓下母
與弟三鳳四鳳卧樓上夜半比鄰火延其廬二鳳偕父兄
倉皇奔門外覓其母不得冒烟登樓母已越窗墜樓下二
鳳乃負攜二弟至梯梯斷至窗窗崩遂同斃次日父覓其

屍猶背負手攜堅不可解嘉慶十二年張令德標表其閭嘉慶志當時以救母死於火者又有袁孝子孝子名翊元字羽公父闇卿曾刲股療親翊元通經術康熙甲午翊元適他出母房中火踉蹌奔歸再三突火負其母以出翊元已焦爛遂投淵泉爭出之無復人形是夜母亡猶蠕動作哀痛狀翌日殞鄉人哀之乾隆府志白於令作孝子里碑嘉慶志丁寶邦者亦以救母死於火者也寶邦少孤事母孝道光八年四月晦寶邦晨起往田間布種家失火急返不見母問妻妻以樓上告寶邦衝焰入負母及梯梯折遂躍而下膚

肉焦爛越日毋死三日寶邦亦死謝衢亨字錦山幼隨父僑居維揚年十八父病危割股以進小愈鄰失慎父卧牀不能起衢亨突入負父衝烟出父得天年終里黨咸稱其孝據采訪冊

陳泰交字日章順治初山寇焚刼父堯仁被擒入山泰交挺身代父賊不許乘夜逃歸鬻家產不足至以身質曰我父不歸何由得錢仍冒死向賊哀告賊憐其孝父子皆得釋浙江通志後力耕積有貲產盡讓諸弟曰吾當再以勤蓄之里人稱其孝友李府志有曹鳩者字羽君諸生父九龍亦被

山寇劫執鳩聞踰嶺涉溪入賊營求釋賊令以數百金來贖鳩郎鬻產措金以往賊歎曰此義士也遂許偕其父歸補稿據曹氏譜

張自偉字德宏年十二嘗割股療母順治乙酉入邑庠庚寅山寇王思二索餉擒其父鳴鳳去自偉追至孤嶺將加刃自偉奮臂負父歸賊猝割父首去自偉徧覓不得大慟幾絕夜夢神以南池告家傳隨往果得始獲殮誓報父仇踰年賊赴縣投誠自偉遇之皐利刃刺賊中喉死浙江通志守道沈上其事於　朝　詔旌其門康熙十三年入孝子祠傳

奇者譜霜磨劍行世家傳○案陳泰交張自偉省志入明今改國朝

徐繼科字賡虞與仲兄廣寅事父母俱至孝父年六十病危繼科焚香告神求身代號泣三日夜是夕父夢金幞神謂曰汝數六汝子數應加六今易其三與之齊焉父醒病遂愈越三年歿繼科亦六旬有三康熙志

徐復恒字子初號長吉父患臌侍牀蓐嘗湯藥閱九載罔倦疾亟籲天祈代刲股以進父卒居喪盡禮廬墓三年嘉慶志據徐氏家傳

俞得鯉字天赤好古力學有識略凡鄉邑鉅事如巡湖水

築海塘團鍊鄉兵皆悉力肩任之　國朝定鼎後絕意進取杜門著述輯有全史簡覽今所存者惟種月軒遺草十四卷據遺草新增兄得鯤智勇絕人戊子間海寇猖獗偕弟翀義練團賊犯境率衆前擊手殲渠魁賊膽落後聞俞家軍輒奔竄不敢復犯據采訪冊虞西三湖水利替久首議合巡者爲六維王元暉元暉明末官四川新津縣尹三年有殊政新津人德之肖像以祀歸後惓惓以水利爲念病且劇猶致書得鯉欵曲剴切條畫井然據種月軒遺草

章振宇農家子也柔而善斷不畏彊禦有豪宦耳其富備

僕騎數十貸金振宇曰我與若不相習貸我者噬我也叱

家人縛之上御史其人懼而哀懇乃釋之順治戊子山寇

宣岳等沿村索餉不與者火其屋振宇集丁壯數千人拒

之前後數戰斬首無數由是賊遂屏息撫按上其事詔

旌之振宇曰吾惟與夫婦戚里相保也何功之有不拜後

壽六十郡守劉公表其門 補稿據種月軒遺草

俞有章字紀方號易菴邑人錢塘籍順治丙戌舉人乙未

會試副榜授淮安推官發奸摘伏善於平反淮爲南北孔

道舊例漕艘過淮官吏率受其餽遺有章不受遇有犯輒

繩之以法，軍不敢漏，弁不敢漁。擢禮部儀制司主事，巨細事例旁搜博采，有所條畫，多見施行。尋致仕歸。杭州府志

唐徵麟，字公振，號石菴，孝子甡長子也。嘉慶志甡字樂生甫週歲喪父，事大父北疇、母吕，晨昏定省，俱有眞性，以孝聞。善屬文，兼好施與，遇貧困捐貲以濟，親族有逋糧者，鬻産代輸之。康熙志　徵麟膺順治丁酉鄉薦，選杭州府教授，未赴任，丁母憂，哀毀異常，喪葬盡禮。性方嚴，當時縣官法制未備，錢穀刑名得以意爲輕重，猾吏因緣爲奸。自徵麟居鄉，皆憚不敢發。邑之利病必爲縣大夫言之，有不可，必力爭

康熙甲寅鄭令僑聘修邑志服闋補處州教授訓士子先實行而後文藝數月間士風丕變時三藩爲逆同郡姚熙止督師處州徵麟故人也且嘗以事德徵謂徵曰大丈夫當効命疆埸立功萬里外苜蓿寒氊豈足了一生事業耶方今國家多事需才甚急公爲吾往督諸路餉毋徒使宗慤笑人也徵麟感其意遂督餉甯郡曉夜兼行冒寒病痢卒徐增燦字旭如貢生工古文辭鄭令僑亦聘修邑志嘉慶志

葛翊宸字紫衡精於琴尤工詩文順治戊子拔貢辛卯廷

試一等授句容知縣家傳歷任靈陽泗水濠上都梁諸邑卓有政蹟蔣先庚客心草序以臨淮蠹胥高鼎假冊陷害罷官見客心草詩注羈旅白下三年縕袍糲糗四顧蕭然淡如也嘉慶志著有金陵偶詠客心草詩集溫厚和平無一憤激牢騷語徐楷客心草序

李平字秩南號孜園明都御史懋芳孫也奇穎過人甫成童途遇一老翁仆卧橋下驚詢之知爲病憊躬扶至家鄉黨卽以寬大期之弱冠登順治甲午鄉薦己亥成進士府志作乙亥誤選庶常平體癯多病庚子告假旋里築室雲門讀書

究心性理之學東南學者多造其廬丙午赴京授秘書院編修丁未分校禮闈得士皆名宿時　朝廷方選詞館英敏者居諫垣首擬卒以才望備充
世祖章皇帝實錄纂修官恪共厥職積勞七閱月病劇卒於官年三十七康熙志府志作年三十六○案嘉慶志有李瀛傳瀛已入山陰籍兼無甚事蹟刪之

曹之參字明卿邑諸生明義士同德兄弟子生而英奇童時兀岸如成人稍長爲文千言立就負笈者屨常滿積脩贄頗豐公諸兩弟誓不析産創建曹黎湖四斗門悉甃以石郡守張三異聘修府志固辭不可少與沈公文奎共筆

硯情好甚篤沈以大司馬督漕淮上屢書乞一面不往年八十五卒子謙吉恒吉補稿據曹江集謙吉字吉士曹氏譜歲貢生性拘謹皓首窮經能詩與從叔章倡和至老不衰見觀瀾集序恒吉字可久號曹江力學工詩古文詞海內諸名士爭交游之嘗設帳蘭芎福仙寺中遠近學者無不執經請業一時競傳曹江門人其學以紫陽爲宗論文悉遵先正著有曹江集嘉慶志章字雲鶴號闇齋同德子見康熙志同德傳邑諸生性好山水詩酒之外以書畫自適耿逆之變以事歷甌閩歸築觀瀾堂又嘗往來天台赤城久躓棘闈淡然若忘著

有觀瀾集曹謙吉觀瀾集序鼎吉字國器號思凝章從子康熙壬子登賢書善爲文嘗嫌時趨浮薄力追先正尤沈酣於左氏著有春秋四傳纂要嘉慶志

成惟悌字友于順治中由貢任廣西臨川縣知縣後改授浙江都司陞湖州副總戎虞邑自明至國朝夫役驛遞二者擾害滋甚崇禎時翰林丁進以虞代姚役曾具疏爭之不直　國初姚鼎力控上憲始准詞得免至里遞科派荼毒如故每一應差中家之産立卽催破康熙二年惟悌從臨川回籍痛私派之害民疊控督撫勒石嚴禁且免衢

穀草米虞民至今永賴二人力也故諺曰革驛站成友于除夫征姚涵煦涵煦者鼎字也據采訪冊參嘉慶志沈奎補稿

王全璧字子蒼諸生順治初山寇執其父葵索金將加刃全璧甫十齡哀求代死賊感其孝釋之父病百計療治寢食不安者十餘載以是體孱弱不壽妻許氏以節稱弟全琮字子璜亦諸生母喪交游多弔者泣語所親陰止之曰有老父在弔吾母益傷吾父心及父卒廬墓六年或詰之曰前三年爲吾父後三年補吾母也同時錢崴亦以孝聞並於乾隆三年　旌據嘉慶志乾隆府志○備稿云府志作會稽人分二傳不詳其爲兄弟誤

胡元彪字伯文諸生博學工詩文與陳元暎韓桃平相倡和家傳

事父母自幼至白首色養備至親歿朝夕至墓瞻拜哀徹空山虎聞遠避人稱其山爲避虎山乾隆府志一日遇遺金於道守之竟日失金者號泣至詢問還之其人曰公活我一家矣乾隆十年以孝旌子有章楨俱庠彥守彪遺訓嘉慶志

元孫鍈鑰鍈字聲旗號警堂附貢生少治進士業中歲奉父命遊幕秦中一夕忽心痛因自念曰我他日未嘗如是此必有故殆吾父病耶明日急束裝歸抵家父果病且殆詢病始生日果即鍈心痛之夕也嘗以冬月爲繼

母求醫郡中邑去郡百二十里途遇刼衣悉被掠裸體行二十餘里達醫所醫者怪之告以故醫者歎爲神助貸之衣而授藥母病得愈初鍈九歲隨母汲井母誤墮井中鍈即從入井俄而遇救俱得出人咸異之以嘉慶十五年

旌吳德旋初月樓文續鈔

鑰字南京號荆山家傳廩膳生有至行乾隆庚子應考　恩貢因母病晝夜奉侍湯藥不赴學師趨之急遂辭廩膳以奉母終乾隆府志嘗道拾遺珠待人不至出東城密訪失珠者見一老媪號哭來誓欲赴水詢之云爲主人賣珠遺於途問其數曰三百粒鑰遂啓櫝數而還之不

告姓名歸家傳鍈曾孫超然邑廩生亦有孝行超然從弟仁耀字光甫由同治丁卯舉人考取內閣中書軍機章京洊陞戶部員外郎光緒丙戌考取御史引見記名少頴異力學工文在軍機處辦事勤愼大臣多器重之性至孝在京供職十餘年留妻子奉侍不以自隨是年秋以母老乞養歸卒於途年四十四據采訪冊

陳啓麟字聖瑞幼孤繼叔登四爲嗣年十六山寇縱掠仆其父於地舉刃欲下啓麟卽以身衞號呼甯殺我賊揮數刃傷左股仍呼號衞父益力賊感其孝釋之後父亡哀毀

骨立廬墓三年乾隆府志乾隆十一年旌從祀鄉賢子際會孫景圖俱有聲庠序嘉慶志

楊文蔚邑人父榮生員明天啓間隨其所親宦上海而家之康熙丁未父病時年八十七文蔚走厠腧嘗其糞甘號於天請身代不得竟死越十年母痢見血中死法醫者凡數輩皆前後相顧去文蔚獨念父危死不救今復然生男何爲也闔戶刲左臂以其肉襍瀋汁濩之三濩三進母初進而體下再進而赤滓以去三進而愈時丙辰九月二十一日也又二年戊午上海令任君廉其事請告之臺將獎

之文蔚泣曰是欲重我以旌德也且余何如人其敢以旌德越典禮再拜固辭固強之不受乃題其門曰以身壽母文蔚爲人謙而和恭而能容輕財好義不自放於俠烈人以孝稱之必變色踧踖却不受每月吉必詣城隍祠禱之願減年以益母年然秘不令諸兄知若惟恐以獨行傷兄意者西河集楊孝子傳

范廷耀字南峯諸生大母姚母羅皆以節孝旌廷耀三歲失怙零丁孤苦竭力以事二母宗族鄉黨無閒言前母陳墓迷所在廷耀展父遺墨知葬牛湖山足藺倉皇求之

久不得已從灌莽中搜剔石碣存焉始安康熙甲寅萑苻竊發聞廷耀名相戒弗犯性慷慨有告貸多寡必應歲庚午秋澇承母訓煮粥賑濟存活者以百計邑令陶以孝義旌其閭據施繩武及王文充撰傳參乾隆府志

林貞儒字文源弱冠游庠事母承歡順志尤好施與見突不火者輒捐貲濟之人亦以孝義稱據康熙志參李府志

徐驤字天行諸生幼失怙與三弱弟依母嚴守先世詩書性孝友母氏教甚謹少違禮法即加箠楚驤受杖不敢辨恐勞母體戊子山寨王完勳竊發驤奉母與諸弟妹避居

郡城乾隆府志本生祖母賈在虞兩世父歿驤迎養於家孫肇南字尚基勇於赴義崇本贍族唯恐弗及家傳○案驤舅氏即嚴我公鮚埼亭王翊傳我公請於大帥招撫山寨翊烹其使我公夜遁府志所云驤參理庶務悉合機宜皆虛美也又案朱珪撰肇南墓誌銘及其子立綱行述均無卓行奇蹟府志云云並未見及今皆刪之

丁廷瑞孝子潛之裔髫齡克事父母家貧窶爲人牧歲寒凍甚父省之曰嘻何一寒至此廷瑞解之曰不寒遂三踊三躍額流汗父病刲股以療壯歲若孺慕鄉黨嘖嘖稱孝子後有孝子嘉慶志

宋球字寶尙年十二父病家貧球欲賣身以療父鄰里憫

其幼醵錢佽之父殁既葬朝夕哭於墓墓旁植小松爲鹿所囓球隕涕曰爾不念我父蔭庇乎鹿自是不復囓弱冠後祖患溺腹痛球百方愈之祖嗜鯉家不能給球日釣必得一二人以爲孝感所致乾隆府志

葛延濂字宗周事父大年母丁備極孝養康熙十一年父母病劇延濂晨夕籲天虔禱旬日俱愈年皆八十餘卒延濂先後廬墓有靈烏芝草之祥乾隆元年旌據乾隆府志參家傳

張成元字大生年十五母王病劇衣不解帶者數月及卒請於父廬墓三年康熙甲寅父起龍得惡疾成元求醫於

嵊時山寇縱横猝遇賊索金不得將加刃泣曰不敢望生
第求醫不反是併殺予父也言訖哀號賊感其孝釋之及
歸而父已不救呼天一慟嘔血數升復盧墓三年事繼母
王庶母龔俱循子道乾隆三年　旌子宏訓嘗出粟助縣
賑饑全活甚衆宏毅字仕可父病百計求禱願以身代不
三五日形容已悴及父卒一慟而絶甦勉起營葬築廬於
墓日夜悲號不二年歿時年二十二乾隆十年　旌據乾隆府
志參家傳
俞木字嗣祺豆亭少子也順治庚子歲饑出貲賑濟全活

甚衆康熙戊午海氛未靖本請於上憲同諸兄練鄉兵置守具一日賊犯境身率鄉勇持矛前擊一鼓摧其鋒嗣是不敢復犯虞邑疊有潮患築塘捍海遂罄其家夏蓋湖舊有十八溝閘蓄水廕田歲旱輒爲鄉鄰毁壞本特設法輪巡永資灌溉縣令高之薦　旌其門　浙江通志據鄭僑撰傳

陳文煥字明安邑之蓋山人與大興孫成同在廣西巡撫馬雄鎮幕中康熙十三年逆孽孫延齡叛雄鎮被幽土室文煥等義不忍去亦同縶土室患難相依周旋四載後逆賊吳世琮趨桂林延齡執雄鎮詣賊營不屈遂遇害十七

年　王師下蒼梧文煥乘變逃匿平樂進士袁景星家具雄鎮死事匍匐軍前求申奏巡撫傅宏烈據情入　告奉旨陳文煥忠藎可嘉從優議叙授安邱縣知縣在任弭盜賑饑建學有政績卒祀鄉賢據浙江通志乾隆府志廣西通志蔣士銓馬雄鎮傳

陳氏譜纂有全義僕者四都陳曜星之僕失其名曜星充部吏卒於京遺妻子七人無以歸僕素醕謹有肝膽爲泣詣同事醵數十金扶櫬奉眷屬還中途遇盜力保其櫬及孀幼奔匿得脫而僕之妻及子竟被害既至虞處幼主無以爲生努力經營至老不倦後曜星子克誠得舉康熙丁巳鄉

闈皆僕力也義僕之忠其主如是是可附文煥以傳已據沈奎補稿纂

朱璘字青巖邑之桂林人父鼎祚字凝齋諸生邑有夏蓋湖周百五里各都田禾藉以灌溉鼎祚見隄壞捐葺之湖得瀦水康熙初歲祲出粟賑饑全活甚衆卒祀鄉賢嘉慶志

璘由貢監官武昌府同知署湖北驛鹽道康熙甲子湖北奉裁兵之令督標材官夏逢龍卽夏包子擁兵叛刼璘與通判張芑至閱馬厰璘指逢龍大罵曰逆賊汝輩受朝廷厚恩不思報効乃敢狂悖至此行見汝曹族滅矣芑亦奮身

怒罵逢龍喝令褫二人衣冠縛至新南門城上自辰至酉暴烈日中屢作將斬狀恐之璘氣不少挫次日復露刃索璘芑印璘厲聲曰我頭可斷印不可得也賊怒令分禁各營絕其飲食已又遣使問遺酒食璘碎其器罵逆賊不絕口逢龍亦歎曰好男子好男子一日逢龍發按察使僞劄給璘武昌同知僞劄給芑璘芑裂劄大罵逆賊我等豈同汝反耶賊大怒欲殺之有耆老數百人奔號泣請乃復發營囚禁先是賊知璘不可威刼防稍疏璘已密約芑及王相李國俊共會守備胡定海家謀討賊至是遂密與芑東

下請援脫身走安慶謁軍門閒振武將軍瓦岱抵江甯乃往從之將軍慰勞備至命隨征督催糧餉軍至黃州擒逢龍磔於市以功擢南陽府知府南河通志職官表康熙二十九年任晉南汝光道有政聲璘之被囚也妻邵氏聞變命長子瑞圖懷印繳上安徽巡撫遣人密告璘璘曰印既獲全死何足惜歸告夫人好自爲計吾不顧家矣小吏有感璘惠者保其家出城守城者亦感璘好官從城上縋下之其家數十人及幼子鵬圖皆無恙璘好學深思公退之暇凡經史子集罔不研究所纂有歷朝綱鑑輯略明史編年諸葛武侯文集

二程文略八大家古文適諸書行世鵬圖字仲翔歲貢生著有浪雪草堂詩稿據查昇鄂渚紀事朱光祖撰傳并嘉慶志采訪冊纂

何惟貴世居嵩城康熙庚戌歲大歉抵冬饑民載道鄭令僑捐俸市米施粥五門諭各鄉殷戶賑助惟貴遂同王毓麟首助並勸各殷戶輸米助之凡流移乞賑者命二子旭陽明陽罄資徧給之饑民得生義聲聞遐邇康熙志時又有好義先生徐旦旦字膚功諸生樂善喜施予康熙辛亥水災饑出粟周之甲戌大旱又饑賑粟如前山寇未靖助餉請勸邑賴以安嘉慶志

陳岸三義勇士也年七歲遇勦山寇兵見其魁梧掖之去習騎射及各武藝年十六咸精鍊力能搏虎人呼爲大力岸三回籍由行伍授千總時山寇肆掠求岸三不得繫其父開一去賊有識岸三者私釋其父誘岸三岸三在城聞賊言瞠目詈曰賊奴欲以我爲不忠不孝人耶約城守周某夜薾賊營手刃十餘人返入城曰賊必臨城下吾兵少當先挫其鋭不然不勝數日賊果大集岸三率勇敢士出擊賊敗入塔山圍守之戮其魁陳飛天其一突圍逸追二十里不及返自城歸里途遇賊目許大頭率百餘人至時

岸三僅從一僕奮力舉刃擊不勝命僕彎弓中賊膝殺之餘衆驚散舉其頭果大如斗山寇平陞署黄巖守備遂家焉嘉慶志

張鳳岐字一鳳幼棄科舉業肆力武事嘗從許防守宏道游長行四方益習騎射海甯楊侍郎雍建巡撫貴州鳳岐入幕府與兵謀三載貴州平論功欲上固辭歸家中落充邑工吏時康熙十七年王岳壽作亂圍城令以鳳岐在西軍久命充團練使禦賊鳳岐率丁壯陳日新等數百人堅守五日大兵至賊上塔山欲遁鳳岐以此山懸脚與衆

山絕遂園其麓盡殲之總制上其事於　朝陞授江西游擊分勦九江等處盜賊以母老歸終隱不仕據趙殿最撰傳

陳皓瑜字子攻又字荆菴明翰林諭德美發子幼承家學好讀書工詩古文詞北遊京師與宋琬王庭施潤章秦松齡諸人善秋日松齡招飲出所詠紅葉詩四律索衆和皓瑜詩成衆皆擱筆松齡亦毀其原作歸名其園曰仔園日詠其中時宋琬官浙臬屢致書招之不一往與同邑韓豐穀陸日函輩詩酒往還以此終著有刪餘草子詩字嘉在諸生皓瑜喜交游常客外詩年十二郎總理家政事畢讀

書至丙夜竟數十桀悉記憶時范石書趙獻可胡子琢諸人學詩於韓豐穀豐穀尤喜詩詩曰嘉在眞得乃翁的派不易及也以女妻之一日秋正午訪豐穀於城大雨驟至階水盈尺未濟辭歸留之正襟對曰詩所携鰕脯乾魚待以佐老父晚餮者急著草屨沽酒一瓶走二十里越兩山數溪而歸豐穀深爲歎羨作詩紀其歲月族弟于前幼孤貧幾失業詩携歸教之讀友愛備至及于前文日有聲或德之曰第無負其先人耳德何有焉著有卜園草德顯樓集嘉慶志

韓玉儉字豐穀世居盧龍父廣業訪邑人陳元暎道過娥江偕歸遂家縣治東隱文堂玉儉克承家學尤工詩與同邑陳子攻陸日函輩詩酒唱和韞奇不試授徒講學范石書趙獻可胡子琢輩皆其造就以詩名當時著有憇菴集行世子雲字漢倬登康熙丁酉鄉薦工詞翰著作甚夥當時吾虞言詩文者必推盧龍韓氏云據嘉慶志

徐咸清字仲山徐氏一家言作字通朗號仲山明兵部尚書人龍子也人龍自虞徙郡城咸清以蔭爲監生性强記一歲能識字一家言作三歲識字比長遂精字學嘗患宣城梅膺祚字彙疏略乃著

一書取楊雄訓纂許慎說文顧野王玉篇並川篇篇海等書以正字形取陸法言切韻孫愐唐韻暨宋廣韻集韻等書以正字聲於是縱考十三經子史文集及漢唐宋元諸大小篇帖有繫於釋文者悉搜採以正字義自一畫以至衆畫分若干字合若干卷名曰資治文字康熙十七年開博學鴻詞科郡縣薦咸清至都謁高陽相國李霨高陽工小學與論字咸清多辨詰是非及　廷試不中選歸十餘年卒乾隆府志子東女昭華皆有才名毛奇齡撰墓碑銘昭華傳見列女從弟允定字克家號更齋歲貢生與咸清蜚聲藝苑時

有二徐之目蕭山毛西河造門定交嘗遊京師以詩謁益都相國相國奇之延見於萬柳堂立成萬柳堂賦雲蒸霞蔚一時傳誦著有涉江草更齋詩文集徐氏一家言

錢霍字去病會稽人寄籍上虞爲諸生貢太學精舉子業然不好獨好爲詩其詩自闢阡陌不假雕餙性豪飲喜劇談酒酣興至音吐如洪鐘目閃閃有光驚起坐客性狷介恥以詩干士大夫嘗遊京師故人居華要者不投一刺少詹事沈荃獨嚴重之曰去病今之李謫仙也鄉人姚儀好霍詩爲梓其集欲挾至沅州官署霍至吳門以老不欲往

儀遂居之楓橋每歲捐二百金予之儀死霍還家貧日甚而豪氣不衰吏部以次除霍訓導檄下已物故數年矣乾隆府志

杜淇英字斐君號拙園本山陰人從邑名士陳思莊學遂附籍少端重不近嬉遊嗣孫上玉爲後事繼母陳敦謹有禮康熙乙卯登賢書戊辰成進士授内閣中書以覃恩封生繼父母皆如其官同宗有杜臻者任兵部尚書淇英博洽遇有裁決必徵而咨之淇英引經據史口若懸河嘗戲曰吾家武庫不意被君竊盡一時名公卿皆樂與之游

文名噪於都下越數年乞養歸卒年四十八所著詩文散
佚備稿據杜氏家傳
丁鶴字芝田明宮詹進之孫歲貢生官訓導具絕人之姿
弱冠時即雄踞騷壇與山陰宋西洲齊名有才子之目爲
毛西河先生推重工制舉義學使吳雲巖稱其文似歐陽
永叔尤工詩能力致本原翻然更始不喜分宗別派之說
嘗自言觸景撫事握管而書舉人世之升沉倚伏與己身
之憂愁佛鬱俱渺乎無存何有古人故其詩和平研雅無
事矜奇炫麗而人自不能過著有蘭皋詩選羅浮夢傳奇

據陳鵬年田易詩選序并輶軒錄及詩注纂○案選舉表歲貢無丁鶴名蘭皋詩注云上巳到館試後赴館自乙未來京庚子出京愚兄弟皆浪遊在外無言赴某某學官任者陳序亦云潦倒青衫半生侘傺至買文燕市與方外人爲落莫交不言其爲廣文先生輶軒錄云歲貢生官訓導不知何據今姑仍之

范蘭字文偉號石書廩膳生天姿夙敏博通經史爲文汪洋得韓歐氣詩蒼古有李杜風督學顔公學山奇蘭詩文深器重之與趙資言獻可胡他山瑠爲金石交詩中往往及之所著書皆散佚無存據輶軒錄范氏家傳纂

鄭平字正叔康熙間以吏起家官福建甯化縣知縣甯自耿逆亂後縣官歲派部民兔比銀千二百兩值大計藉勘

驗名色復派銀數千兩內署用物勒定官價民夫工食短
少慾期苗糧耗羨每石浮征七斗富室紳士夤緣爲奸平
涖任廉潔自持諸弊痛革時米價騰貴窮黎饑餒流移平
捐俸勸輸按口給糧各鄉設厰施粥諭殷戶發糶倉米又
擅散義倉穀日米至價減民賴以蘇甯有古田坑羅茂養
餘黨羅通羅遂等藉減租較斗爲名鼓衆拒捕屢控上憲
屢緝屢叛平單騎往諭冀彼感悟鄰邑頑民嘯聚界連甯
境平嚴保甲禁民不入其黨會夏月亢旱禾稼枯槁訛言
有賊攻城平令民備禦守望昕宵巡視復設壇祈禱引咎

自責天雨禾登訛言乃息他若雪露屍寃枉免盜賊株連理棄骸佔冢及僞券佔産一時有鄭青天鄭活佛之號在官十有三月上官派輸洋船銀水脚銀平辭以饘粥不給不輸民請代輸又不可竟劾去去之日民罷市七日紳耆紛紛奔訴監司至有赴京擊登聞鼓者居家訓子姪以教孝弟尚廉恥鍵戶讀書爲士行第一後曾孫謨由歲貢任昌化訓導有文行謨子暻暻子紹孟蜚聲庠序有以也嘉慶志

趙完璧字瞻如幼喪母不爲後母所愛完璧委曲承歡不

違顏色母病與妻俞禱天祈祐朝夕侍湯藥不懈暨愈母感悟曰汝事吾孝至此願後人承汝弗替康熙志

陳步雲字峻飛邑諸生事父孝周旋膝下夜凡三四起問燠寒饑飽溺器必躬進之聞鼾齁始就寢父患風疾醫者多異説步雲不能決取內經諸書閱之至五更隱几假寐夢人謂之曰子毋讀是書讀詩可矣詩云維虺維蛇女子之兆及寤三復此詩易祥爲兆意者其爲姚乎旦卽訪姚醫治之疾乃瘳父年八十八終七日水漿不入口哀毀骨立父所常坐處終身不坐乾隆府志

謝甯渙字子懷農夫也父病痢甯渙月餘未嘗寐父卒哀毁甚咯血升餘善事繼母爲滌廁牏母止之妻代皆不從至老弗怠母患熱思食西瓜時當春仲違遍覔購得之色味如新母兩目盲甯渙以人乳點目舐以舌日三次至八十餘日能見物百日目加明焉母年八旬餘甯渙已六旬未嘗離左右母嘗語人曰我親生三子惟幼者存常貿易於外賴此子善養怡我天年親生者不及也乾隆府志

陳作霖字時中邑諸生幼孤母張以貞節旌庶母王生一弟作霖善事二母與弟友愛母病求醫途遇虎虎弭耳而

逝侍病三年衣不解帶母歿廬諸墓遇秋潮沖激將及墓作霖攀柏呼天潮爲之退終制後懸父母像室中飲食必先薦乾隆十三年旌乾隆府志

羅羽豐字習齋邑諸生父枚年七歲上冢經破岡畈風雨驟至舟將覆諸子姪爭跳岸冀免且挈豐上豐以父在舟年老且久痺號泣持父踵願偕溺水水灌舵終不動須臾風寂年十七而孤事母袁生母朱輒數十里外負米自館穀外一介不苟取年五十二卒著有鷹峰集李府志

謝宗嶽字五高僑居會稽九歲父聯祚以臺灣軍功議敘

同知殁於閩宗嶽哭盡哀歸葬近宅里許每從家塾過輒灑涕依戀大雨傷墓手掬土培之及長多才智家貧習幕四方爭聘之宗嶽擇然後應曰吾有母在必不能舍而遠遊也嗣是往還吳閩豫章者三十年每更寒暑必歸省母及別牽衣哭不忍去母强之乃行所至遇令節宴會衆皆劇飲宗嶽少飲即託故退偵之則閉門泣以不及奉母觴爲恨兄宗禮以食指繁析居宗嶽推己所分産盡讓之兄殁寡嫂孤兒悉供給督課之凡十有七年遠族有鬻其女者贖歸且選壻備奩以嫁母病亟百方療之弗痊禱於神

請減己算以益母母病尋愈其後母八十七終宗嶽年亦老悲號猶廬墓旁不忍歸乾隆二十八年旌乾隆府志

徐允達字和叔廷玠子以詩餼郡庠徐氏一家言博聞強識自經史外凡天官王遁地輿陶郭家言靡不精曉爲詩文清新妍麗妙絶時人性孝友父病淋閉以口吮其外腎不爲穢兄陳斌殁撫其遺孤自任自信啓迪備至尤周人急有貧鬻其妻子者允達爲贖而收之童國松撰墓誌銘所著有學圃尤言嘉慶志

自任字慕伊幼喪母慟哭嘔血數升遂失聲啞嚶若女子事父及繼母陳以孝聞每讀書日記數千言爲

文淵淵作金石聲登康熙辛卯賢書雍正癸卯成進士及
廷試有貴人閱卷重自任才諷自任謁其門不屈榜發
名最下下歸家討論兵農錢賦邊防水利諸事居五年謁
選授河南息縣知縣　陛見卒以聲累見斥落魄不得志
遂浪跡名山大川旋入粤將爲海外遊會有同邑馬君任
惠州歸善令强留之未幾卒著有躑躅齋文集南樓臧否
藏於家（據焦祈年撰墓表及嘉慶志一家言）
自信字斯未諸生讀書目數行
下五歲能詩邑名士范石書見而奇之曰此天半彩虹也
妻以女稍長專力於經病四書解義沿譌博采漢魏以來

註家言旁通鉤貫纂四書罪我集又分事列日裒集古書名信手拈來凡百二十卷嘗曰行文須出奇觀若東海蜃樓倏尙已胡寬營新豐直雞犬牢欒無取耳故其爲文雄博奧衍不可以句工草書片紙人爭寶之雍正乙卯舉鴻博以母病未試歸明年丙辰正月卒據邵坡撰墓誌銘兼參嘉慶志越風

胡世昌字我克號雲湖康熙丙戌進士任直隸雄縣知縣十一年捐俸建義學葺城池濬西壩亞谷易陽三橋建黃村口閘又署吳橋縣事境有地畝坍塌者詳請委員親勘得免糧銀千餘民尸祝之

聖祖仁皇帝幸直隸面試詩賦　欽取一等一名　賜御書一幅

乾隆府志

夏熙字春臺任熱河巡檢前後十一年勤職愛民恤罪囚立義塚地當雁磧歲收偶歉或有餓夫且出關餬口之人流滯者多塞外苦寒三冬彌甚熙每歲施棉煮粥以活饑凍捐貲置產經理井井凡扈從王公以下至卒隸無不知夏巡檢賢者直隸總督面奏之將加超擢遽卒浙人祀之宣武門外廣誼園以爲土神乾隆府志○嘉慶志云乾隆三十九年尚書王際華題

旌封全浙廣誼園

顯靈侯福德正神

李蘊字靖頤又字伴湖少孤貧事母茅力田具奉鳴琴承歡愉如也郡守俞公卿造其廬題曰德節儀範勸應試辭曰有老母在可離晨夕耶俞公問民間疾苦曰海防屢潰歲屢不登疾苦莫大焉俞公然之爲築海塘數千丈蘊博學尤精研羣經著有天文志易元養心論嘉慶志

徐雲祥字彩升幼時學少怠父輒督過之以是發憤苦讀弟雲瑞字卿升幼敏讀書兼人父懷玉歎奇之臨歿屬兄善視雲祥奉母課弟惟謹母病革衣不解帶者月餘雲瑞少長一以兄爲師法家故貧謂立品當自安貧始弟兄時

以此相砥礪康熙壬午雲瑞舉於鄉雲祥益自奮至癸巳連捷成進士年五十矣雲瑞已於壬辰登上第官翰林雲瑞雖旣貴嘗自傷親之弗獲養也尤敬兄未食不敢食未寢不敢寢雲祥以能文擢　武英殿纂修校錄過勤遘目疾雲瑞朝夕問視雖溺器必親滌不以委人門下士見之歎以爲難已而事竣將議敘吏部或藉以侵牟雲祥絕弗與通遂寢雍正甲辰出知廣東新安縣道聞雲瑞官陝西主考喜曰吾弟每入闈必敬愼自矢今膺重任必不負國矣抵新安其俗好鬬善訟雲祥廉而能察發奸私如神三

月俗少變竟以廉正忤上官劾目疾歸歸聞雲瑞之訃大慟悲思抑鬱逾年遂卒雲瑞之在館也將改官者數矣有欲爲之先容者輒勿應以故閲十三載勿遷然文行醕雅
上亦雅知之典秦試囘復擢會試同考蓋異數也嘗分校禮闈京兆試者再一時名士楊爾德嚴文在李淸植輩多出其門復篤交游好施與都中號爲小孟嘗故人范石書歿時䘏其遺孤人以爲難雲祥曰吾弟少館杭歸遇貧不能殮者輒傾囊以與家無卒歲資而意志怡然自得此尤難也雲祥著有蘆江集雲瑞著有鹿溪遊秦詩集據何玉粱

撰傳兼參嘉慶志沈奎補稿

陳赤爲字夏蓋以孝義稱母病醫藥窮赤爲夜禱中庭割臂肉爛湯以進母卒死撫膺慟哭臂創裂血潰重衣不覺也康熙間有梨園某負博金持戲衣質肆庫主人索之急某誑妻來虞將鬻以償赤爲聞之卽代輸金妻得完聚某泣謝曰誓世世弗忘公德據采訪冊舊作同邑有陳維屏夏爾昌廷相采訪冊夏爾昌字金相鄰有朱姓家貧欲賣妻償債爾昌適得會銀三十兩卽慨予之事載嘉慶志案志無爾昌事疑金相或廷相之誤當卽爾昌也據改徐安世者見人鬻妻詢之助以金得不鬻鄉黨亦稱其高義嘉慶志

葉蓁字濟九僑居嵊縣康熙丁酉舉於鄉博通經籍兼長詩古文辭性好山水每提榼往遊多所吟詠遺有刪注唐詩簡括得作者之志嵊縣志

李國樑字犖基號梅墅爲西園十子之一家素封而勤學弱冠中康熙庚子浙闈副榜雍正間　詔州縣尹各舉一人其房師馬受曾牒薦之終艱於遇浮沉場屋者又二十餘年竟以明經死死後家遭火累世圖籍及已所著述俱蕩然無存越風

陳兆成字宜赤歲貢生官奉化訓導倣胡安定湖州教授

法撰學規十二則朔望與弟子員集書院講求理學初兆成家貧習藝以不禮於主人改業儒沈潛好學覃思關閩濂洛諸書精參數理著有四書辨注太極圖說參同契注各若干卷據陳氏家傳參嘉慶志○案邑志立傳以德言功三者爲主舊志有文苑重立言也區區工制舉義及著爲制科而設之書何足以當立言嘉慶志鄭謨陳燧賈敬存徐楠諸傳所稱爲理題聖手行文如天馬行空不可羈勒一變而爲高渾肅穆之文半埜書屋制藝芃園文稿皆專工制舉義者也學庸講義亦專爲制科而設之書也以此而入文苑未免當之有愧至若馬文炳居雄陳攀龍渾云善屬文有文集行世兼善詩詞莫能詳其所著何書尤不足錄今故概從刊削

徐允章字雲官號恕齋以文學高等入太學授陝西衛經

歴上官知其淹雅檄修西安府志並著有續金鑑錄恕齋集同時有徐金甌字枚臣錢登俊字含南者並以工詩能文稱金甌著有秋春正業　四庫著錄登俊官通判著有征塗壁稿（據嘉慶志參乾隆府志）

黃肇敏字克成貢生（汪沅撰傳作四十貢成均）授州同有窶人負官鏹鬻妻相持泣肇敏爲之代輸（乾隆府志）同邑周聲鴻貧而能文肇敏引與友爲治裝促其游學京師聲鴻渡錢塘遇盜歸肇敏又鬻田以資其行比聲鴻官河南商邱令緘書招之肇敏留一月歸聲鴻密置千金篋中厚報之抵家僕以告

肇敏召貧不能葬及過時不能昏娶者代聲鴻給之立嗣

年六十二卒既殁有官於粤東者致賻三百金云貸之昔

年家人無知者其生平陰行德類如此傳汪

上虞縣志卷十一

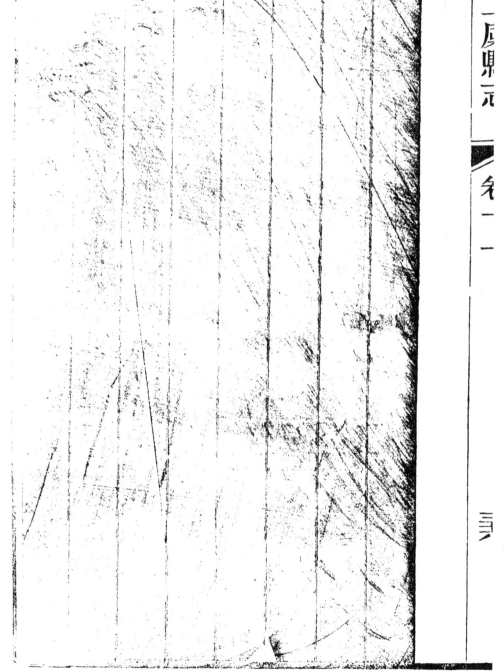

上虞縣志卷十二

列傳

人物

陳于前　徐宏仁子芳族弟錫川　顏應元夏存仁

陸拱辰　張元鑑　趙金簡　經爾顯

陳光林　王致中子煥徐殿最　萬廷錫殷邦　曹式寬許則男

陳邁黔趙琴　趙孫英　范曰俊　石文

張鳳翥族兄弟鳳閣鳳翔孫濤　張文瀾　羅煐

鄭驤路潘文炳　章軒　范吏子廷懋　朱亦棟

王煦　李鼎　丁志元　許鼎占

謝賜　林江　何如鏡　范繼昌　葉向宸　楊光南

徐廸惠　陳瀛　徐文潮　孫辰榮　錢駥

王望霖　沈奎　謝荻　錢玫　沈濤瀾

劉鎮揚　葛鵬飛　許正綬　朱學富　徐長青

錢應昇　趙啟玉　朱旌臣　袁希祖

陳景祺　錢世敘　徐虔復　丁文秀

王烋　石元佑　王殿孝　王淮

國朝二

陳于前字獻若幼聰穎博通六經四子凡漢唐注疏及宋元明諸儒註說所未及者俱别有心解所著四書講義方棨如徐廷槐輩稱其精研羣説默契聖賢咸尊信之晚由歲貢官錢塘訓導教人以主敬窮理爲本士風丕振督學彭啓豐語其屬曰陳先生深潛純粹發明至理今之陸平湖也遇事剛果不屈陳學使其凝倨慢虐士按臨時有童生某覆試後至陳怒欲加以刑于前力爲祈免不解抗聲曰公提學非提刑也何必爾陳爲懾服年七十六卒於官于前痛親不逮事歲時輒流涕因自號曰豈莪處事接物

胸中灑落有霽月光風之致講義外又著有豈莪齋文集

子瀏字蓼聞 恩貢生博學工詩文嘉慶志

徐宏仁字聖木生而岐嶷年十二應童子試郡守奇之以屬教授陸鴻勳十五父歿家貧無以殮書鬻身券質錢陸公聞之贈貲得殮至是貧甚廢學日糊冥鏹得數十錢養母年二十發憤卒業晝則負販市廛夜則篝燈讀書與孟太史駿有姻婭居相近時往問字學日進遂補博士弟子食餼於庠以行義爲諸公所推重學使王蘭生欲薦賢良方正力辭不就已補歲貢生雍正十三年以孝廉方正薦

恩賜六品頂帶宏仁事母孝母病禱於神請減己算以益母壽病遂瘥季弟卒京邸訃至念母老匿不以聞私屬所親將柩歸葬歲時僞寄弟書幷銀物終母之世不令知弟之亡也兄殁敬奉寡嫂撫幼孤嫂兄某欲奪其志宏仁力全之學主躬行於義利公私之閒辨之尤晰所訂四書訓故（乾隆府志作四書講義據家傳及行狀改）積二十餘年而成嘗館於鄉火起抱訓故立淺沼中曰保是足矣子芳字名遠乾隆癸酉舉人嗜學工文詞行誼甚古族弟錫川卒於京芳爲經紀其喪治其歸櫬家庭之內事兄如父所著留餘堂稿同年

友湯某爲刻行世錫川博雅能文終日鍵戶抱一編舉乾隆丙子鄉試流寓京師未嘗一過顯者門以攻苦積勞卒人咸惜之據乾隆府志嘉慶志兼家傳行狀纂

顏應元邑之章鎮人鄉有池湖壩圯久屢遭水患捐貲築堤以障之嘗拾遺銀一裹宣言於衆曰此銀約二十兩非積勤苦所致即貿產以資生者所係匪淺坐待之旁有希倖獲而紿之者應元予以碎銀五錢至暮無覓者始歸次日鄰村龔姓倉皇造門請遂盆以己財補數還之沈奎補稿乾隆時又有夏存仁者一日晨過下壩市拾遺銀二十餘兩

守至午有一人狼狽至問其數適符檢還之其人不謝去市上人爲代不平存仁不問姓名反婉言解之此二人迨行誼甚古者據采訪册

陸拱辰邑人乾隆三年以州同署獲鹿縣事四月明敏果斷溫厚和平民悅其來之晚而惜其去之速獲鹿縣志

張元鑑雍正癸卯舉人知河南虞城縣有惠政民戴之若父母時巡撫田文鏡嚴甚屬吏憚之鮮當意者獨愛元鑑長厚乾隆間題祀虞城名宦嘉慶志

趙金簡字玉書又字石函寄籍嘉善登乾隆己未進士兩浙

（輶軒錄）初爲河南通許知縣民愛戴之三年改杭州府敎授凡十八年乃罷爲文淸微醕茂啓迪後進肫然不倦性廉介不受餽遺年至八十餘家徒壁立處之晏如學者稱赤纑先生（杭州府志）金簡才弇雅胸襟瀟灑工書兼精賞鑒詩得宋人逸趣天台齊召南以才子目之及卒錢塘梁同書贈地葬西湖（兩浙校官詩錄）著有石經古屋詩文稿十六卷行世（輶軒錄）

經爾顯字維周雍正元年任四川廣元典史一以廉靜爲理民愛之稱經老佛廣元有大山曰千佛崖崖下爲李家

灘水中亘立三石舟過稍欹觸石舟立壞會大旱水涸石根出爾顯募工鑿之不能動乃殺牲爲文禱於神積薪燎之石騞然離故處過舟自是無患邑有虎白晝噬人至八十餘爾顯召獵戶射斃四虎患頓除乾隆甲子陞福建赤巖司巡檢廣元民祖送不忍別至閩兩載歸卒於家年七十九據黃嶽撰傳

陳光林字孝義五齡父天球染痼疾家中落母何氏以子幼寄夫兄所而已赴會邑作升斗謀去不返音問絕逾年天球死光林孤苦九歲爲人牧既冠勤農事佃田償租外

稍得羸餘即愴然曰母入會邑久矣存耶當迎養亡耶當
歸葬若不幸適異姓亦當面母一慟以終恩義遂入會邑
徧訪貧斧竭哭而返明年又徧訪復不見歸乃哭禱於鳳
鳴山神夢神謂之曰念汝孝令汝母子重聚毋過悲三年
復入會邑誓必見母累月無蹤跡坐道旁晝夜哭甚哀行
路爲之流涕忽一老僧叩其故曰汝不識舅氏豈能獲母
耗光林肅然跪請老僧曰汝舅家無定所念汝孝吾挈汝
往夜買舟黎明叩門入舅詢之曰此汝甥三年尋母者也
舅諦視之驚曰吾負汝吾負汝向者年荒不能容食指汝

母怨我甚說往諸暨傭工今汝去坊都不知存亡未卜若之何光林悲益甚曰不見母誓不歸遂偕舅氏入諸暨徧訪遇暨人與舅氏識舅詢之曰汝姊尙不死不數十里抵某村問刑書某家見汝姊矣卽日踵門謁見母子不相識舅語之故且喜且悲聞者感歎謂非神明導之來不至此爭贈贐餞別嘖嘖稱陳孝子云嘉慶志

王致中字道和乾隆辛未夏大旱歲饑致中傾囷倒篋賑給桑梓者數月乙亥秋潮水淹沒田禾歲又饑致中給錢米計口分賑每男婦大口米二升靑蚨四百小口半之踵

門乞食者爲黍食之人一盂佐以虀鹽自八月至次年四月給濟之無倦容年六十子孫謀稱慶誠弗許曰近村某渡橋梁未成某地塘路未甃可即以稱慶所需費修葺之肆筵設樂奚爲哉督憲咨以芳型足式旌其廬裔孫煐丙午秋嚴郡淳遂二邑大水死者蔽江下煐募丁壯涉波浪中收遺骸數十具棺瘞之邑當乾隆辛未後癸酉乙亥仍歲饑荒民之凍餒者無慮千萬時與致中同振各鄉者捐米千斛則有萬廷鎬施衣給食則有徐殿最殿邦廷鎬咯督以古道克敦表其門殿最兄弟以任卹可風旌皆有

德於鄉邦義聲聞遐邇者殿邦尤以孝友稱父病刲股以療從姪瞽父爲贈金娶婦殿邦承父志養其一家終身嘗由恩貢選授州判以兄殿最卧病遂不赴白首依依如兒時據嘉慶志徐氏家傳重纂○案舊志有萬邦懷傳所載築永濟閘建菴劃田事與水利張立行永濟閘記中萬德新事同當即一人不必再傳惟傳稱邦懷長厚有古風同居七世食指不下數百闔門翕如爲張記所無附志於此

曹式寛字而栗國學生居恆端方好義嘗閱計簿見祖若父名必拱立一日買魚市肆主者以其素不校也多與之攜至家知魚多返走六七里還其餘年四十無子其妻龔

爲娶一妾夕入房妾潸然淚下詢之妾已有夫因仇家誣夫爲賊久繫獄故鬻身以贖夫罪式寬卽出房待旦促媒氏送歸不索其價幷資助之龔氏遂於是年生子嘉慶又志

有許則男者字伯麟事母陳以孝聞年老無子將納妾乾隆壬中姚人毛萬榮喪母貧無以葬謀鬻妻則男納焉入門見婦有戚容問其故婦具以實告則男急覓其夫還之萬榮愕甚則男再三慰諭之不索聘金夫婦感謝去越數歲連得二子人皆以爲陰德之報據采訪冊

陳邁黔字星瑞諸生力學不倦築半埜書屋於西南門外

敎授生徒一時從游者皆知名士熟諳鄉先掌故著有以俟集嘉慶時趙琴著課餘卮言於本邑遺事亦多紀述據嘉慶志采訪冊

趙孫英字藎峰登乾隆乙丑進士授刑部主事以讞僞稿一案　賜元寶二錠擢江蘇司員外郎兼理河南貴州兩司陞郎中大學士傅公恒特奏調吏部文選司郎中視事三月斁弊無所乘踰年授山西冀寧道伊犂既平回部入覲晉當孔道譏勞之節孫英實總其成嘗一夜馳數百里不言勞辛巳　駕幸五臺　召對稱　旨擢直隸按察使

調貴州，再擢四川布政使，皆以廉慎自矢，年四十七卒於官。乾隆府志○案嘉慶志有趙士英傳：士英性耿介，不屈威武，任南京漕運同知，攝糧儲道。時有屯田衛所世宦三十六家匿欠十餘萬，英廉知之，賂以萬緡，祈勿問，英不受，曰：方今兵需告匱，咎在爾等，尚欲敗乃公事邪。宦知不可挽，復賄應天撫，撫囑英，英竟備文申撫，撫不能隱，追捕歸公。撫卒假他事罷英官。檢大清一統志，江甯府明初定都於此，曰應天府，置江南行中書省，正統六年定爲南京。本朝改曰江甯府，隸江甯布政使司，是應天、南京皆非本朝稱謂，且江甯設布政使，並無巡撫，所稱應天撫不知何官。又查江南省職官，江甯府有督糧同知，無漕運同知，即總漕所屬亦並無此官。所載各省衛所亦無屯田衛所，傳中言多失實，無可徵信，姑附於此，待删。

范曰俊，字友千，性孝友。未冠，聞大父在楚疾重，即馳赴，因僑居焉。與諸弟艱難相依，季弟早世，撫猶子如己出。乾隆

辛巳始挈眷旋里　召試一二等生平好學不事家人產年七十五卒著有養素堂詩集易庸會通乾隆府志

石文字行之號貞石貞石遺集序杭州籍諸生家奇貧少學爲詩歌無所承受獨以己意鑽索於故紙堆中浙人詩存而神致俊爽酷似徐昌穀遺集序家有小樓青山滿簾翠滴筆硯嘗與厲大鴻金壽門丁敬身陳授衣輩結文字交酬唱其間暇則攝游屐偕吟侶徘徊於叢祠破冢之墟不日暮不返里中兒咸怪而目之曰彼狂生何爲者也年三十二卒無所遇侘傺幽憂以死諸故人掇拾遺編得十一二陳授衣

爲之序以傳浙人詩存

張鳳翥字梧岡又字漁村乾隆戊辰進士歷署四川江陽廣安有聲卒未授彭山令彭山西北四十里舊有唐時建通濟堰分四洞穿渠溉田甚溥明廢　國朝雍正間督撫黃庭桂檄修僅復古制十一鳳翥至度地諮民詳請增修引縣小海子水入堰濬智遠洞下古溝八十餘里鑿翻水口分支入眉州共復古渠二十八並眉州古渠十四溉田八萬七千二百餘頃又彭山舊有社倉分貯穀一千四百石鳳翥諭士民捐輸復得穀三千六百石於每鄉適中之

區建倉編號擇老成者防守社長之公正者司其出納彭民益有備無患忠孝橋圯鳳翥易以石柱獲大木二爲梁彭民以爲神助張氏家傳其他立文廟修邑志建縣署學宮任彭山七載政績難枚舉嘉慶志罷官後寓蜀二十年卒著有漁村詩稿六卷馬慧裕撰詩稿序鳳翥工文詞少與族兄弟鳳閣鳳翔有張氏三鳳之目鳳閣號芸窗乾隆甲子與鳳翥同領鄉薦徧游楚粵不遇官桐廬縣教諭卒有鳴嵒自吟若干卷鳳翔字方海初名秉嶽張氏譜作初名光琇字尚琪生而聰慧爲文有奇氣年十三師學使念祖奇其才即拔入邑庠乾隆

戊午試浙闈房考得其文拍案驚絶首薦之主試以句多疵累罷黜由是援例貢成均應南北試十七次掄元者五掄魁者七卒不得一舉辛卯壬辰間大興朱笥河先生筠督學安徽鳳翔與餘姚邵二雲會稽章實齋宛平徐文圃莫邃之武進洪稚存黃仲則歸安吳胥石輩同在幕中一時諸公推爲祭酒嘗偕游采石青山和州梅豪亭諸勝笥河游記皆首列鳳翔名家有藏書多善本曾以明朱謀㙔刻校水經注贈笥河雅善詩洪稚存更生齋詩論絶句其一云描頭畫足高東井盪胷回腸瞿叔游都遜上虞張處

上每誇醉㓜月氏頭洪自注云高瞿張皆同余在安徽學使朱學士筠署內張有詠西瓜燈詩內一聯云藍團盧杞臉醉㓜月氏頭其爲諸名士所欽挹可知矣丁酉春客死都門有方海詩集行於世據張氏譜朱筠河文集洪北江集纂鳳翥次子志鑑官河南彰衞懷河道孫濤字海山號松坪登乾隆乙卯順天副榜歷任山西絳縣汾西洪洞安邑等縣道光二年陞絳州知州濤操守清廉政事勤慎涖任八載興設鄉村義塾加重書院膏火釐正地糧印發連三小票重葺養濟院建造汾河浮橋隆冬捐廉設粥廠散棉衣施棺掩骼尤加意水利疏泉建渠引溉田禾歲旱有備絳民至今永

賴卒於官光緒三年請入祀絳州名宦據山西巡撫題請入祀名宦冊

張文瀾字禹安家貧無子嘗卜夢於鳳鳴山神賜以鯉歸拾遺金守候之頃有婦人號咷來詢之則失金者也遂還其金婦人請分半不許請以什之三不許請他日以餽物謝文瀾曰破罔湖風波險惡慎勿來來亦不受也後果舉一子同邑先後還金者明陳艮節陳致朱松二十我　朝陳仰峰陳泰徐嶽降及其子濤遇皆守候失金人還之或不告以姓氏嘉慶志

羅煐字禹光乾隆乙亥由從九揀發東河河工初任濟甯

州閘官累擢至運河河道會連歲亢旱微山湖水僅三尺許煐督工挑濬韓莊八閘以次疏瀹漕船得循序北上以能調直隸永定河河道值水漲晝夜守工次搶護不少怠遷山東按察使尋以所屬曹縣獲盜未辦被部議左遷運河道時漳衛兩河泛濫恩德之境淹沒民田無算煐相度形勢請開馮家雙閘以洩臨清姜家莊漫水開武城之牛蹄窩閘以洩夏津漫水其館陶漫水自常家溝洩入衛河冠縣漫水洩入運河邱縣漫水洩入直隸之滏陽河巡撫福據以入告　報可即擇日興工水消田出民遂以甯閱

二歲卒於官

高宗純皇帝器重之嘗曰有此人運河省朕勞心也筮仕四十年所至以敏練稱嘉慶志

鄭驤路字邦榮諸生篤友于兄弟賈東甌失利謀鬻驤路產驤路聽之勿吝後兄弟豐于財推驤路主家政驤路無私蓄研究經史工詩古文詞時人以詩質務盡推敲有鋮灸詩病之稱潘文炳字迴塘乾隆癸酉拔貢授儀徵縣丞有聲以忤上官罷歸授徒講學亦工詩文著有浮香齋文稿詩學偶存嘉慶志

章軒字星輶歲貢生年十一邱令鞏熊面試以文操筆立就邱以國士目之比長爲文高卓不可一世父疾卧不解衣者月餘羣以孝稱邑九十二都瀕江居民多賴沙地爲生自呂家埠淤漲潮曲難達沙隄屢决軒爲捐貲疏鑿以免潮患鄉人德之嘉慶志

范衷字士恒別號荼亭生有異稟博通典籍乾隆辛卯成進士　廷對以第三人及第授翰林院編修乙未充　武英殿分校庚子充國史館纂修供奉　內廷循分稱職癸卯充順天鄉試同考官所拔皆知名士乙巳大學士文成

公阿桂以衷樸忠正直可任諫職遂改授江南道監察御史署吏禮二科給事中己酉元旦有色目人朝參失儀以衷等糾察不嚴落職庚戌蒙　恩錄用降補刑部直隸司主事癸丑甲寅復兩充鄉會試同考官嘉慶改元衷年六十有三與千叟宴大典　錫禮如制衷性嚴毅不苟合取容時大學士和珅鬻勢自尊奴視寮佐衷獨抗論不少屈珅謂人曰何哉吾終不能屈一范先生也聞者以爲言衷笑曰吾六十年老寡婦而失節耶卒不往珅銜之二年京察遂署下考免官踰年卒於京據謝階樹撰傳參用嘉慶志子廷懋字

勛菴嘉慶甲子順天舉人官蘭谿教諭夙承家學悃愊無華善植士類其種竹詩有云他年培得干霄影盡是黌門出類材可以知其概矣歿後寒甚遺稿多散失據兩浙校官詩鈔○案衷舊傳有故事凡翰林見掌院學士則拜衷獨長揖不拜云云沈奎曰會典翰林見掌院學士北面再拜如師生禮衷長揖不拜未聞當刪從之

朱亦棟原名芹字獻公號碧山乾隆乙酉副貢戊子膺鄉薦屢試南宮不售就平陽訓導半載即乞病歸鍵戶著書至老不倦嘗師事錢詹事大昕與邵二雲學士友善平生沾接大師碩儒故學有根柢考据精翔所著述甚夥有十

三經札記二十五卷羣書札記二十六卷行世卒年八十四據采訪冊參用備稿

王煦字汾原號空桐乾隆己亥舉人考取覺羅官學教習出知甘肅崇信縣旋補通渭移疾歸煦天性聰穎讀書目數行下四歲就傅授孝經爾雅既齔四子五經卒業九歲學作制舉文仍讀周官儀禮三傳史漢莊列諸書弱冠膺鄉薦入都王偉人朱石君劉石菴三相國爭器重之煦學有家法力宗許鄭復徧覽先秦古書暨魏晉以前金石文字多所創通凡二十年先後成小爾雅疏說文五翼行世

識者歎爲根據通深迥異穿鑿爲有功小學之書罷官後嘗應餘姚翁鳳西方伯長沙之聘纂修湖南通志武陵鄭松谷太守延主朗江書院一時人材爭務樸學晚仍著書不輟有詩古音文選七箋國語釋文並補補音十二卷藏於家卒年八十二據沈奎補稿兼家傳纂

李鼎字尚玉寄籍會稽乾隆丁酉舉於鄉父紹祖樂善好施鼎如其父雖囊橐不繼不顧也父母病躬親湯藥衣不解帶及卒晨夕哀哭三年未嘗見齒所學必遵程朱越人咸稱爲古之人古之人子思曾乾隆丙午副貢任屏山知

嘉慶志○案備稿孝行傳有倪璜字佩雙嘉慶己卯舉縣人父患瘋疾十餘年遂絕意進取奉侍左右不離父病劇行烈日中禱神途遇暴雨中溼死其事無甚卓絕姑附於此

丁志元字德方諸生嗜學寒暑不輟著有四書彙解補注事父母雍雍色養凡定省溫凊庸行中皆根至性父病刲股雜肉以進及沒歲時祭祀必齋戒沐浴悉遵古禮丁故巨族志元分最卑道遇尊長必拱立俟去始行里黨稱爲方正先生嘉慶志

許鼎占家貧能曲體親心有所嗜必竭力致之親病多方醫治且禱求曰天憐貧苦但願保佑雙親故親年咸臻上

壽時比鄰失火延燒而鼎占家神堂祭器獨無恙論者謂
純孝格天云乾隆府志
謝賜字錦堂諸生事繼母顧曲盡孝道母嘗冬月病痢親
滌穢物手至皸裂爲鄉塾師教課甚嚴性喜吟善繪墨梅
兼明南北宮調著有北瀋吟草顛倒鳳傳奇沈奎補稿
林江字秦川元尹希元後乾隆六十年湖南苗匪蠢動以
縣丞投效大營嘉慶元年湖北教匪滋事賊目陳德本據
當陽江聞以父大椿任東湖典史告假省親即赴軍營投
效奉撫憲惠札委同巴東縣令王應文領兵勦捕東湖對

馬山教匪何宗訓等有功不數日長陽告急復奉委移兵進勦與王令分路攻擊遇賊衆寡不敵死事 聞奉 旨議䘏世襲雲騎尉從祀昭忠祠嘉慶志

時又有何如鏡號晴峰嘉慶二年署四川灌縣尉廉幹有聲攝縣篆委守龍門關值教匪猖獗竭力防禦三年明將軍領兵至關如鏡策應直前遇害與林江皆同死教匪之難據沈奎補稿○案嘉慶志忠烈傳有

夏攀龍字海會善騎射勇略過人官山東登州總兵以平賊王綸有功陞四川提督金川不靖 命攀龍率兵勦之力戰死事 聞 賜祭葬銀如干蔭一子雲騎尉查山東四川通志職官表總兵提督並無夏攀龍名無徵不信姑附於此

范繼昌字瑞五號汧谷初任陝西石泉縣典史嘉慶元年白蓮教匪陷湖北竹山縣繼昌隨西安將軍收復即奏授竹山知縣時匪黨猶出没繼昌築城練團防禦甚固又招集流亡賑卹飢寒修葺文廟書院建復養濟院重修邑志患城中無水掘井以資汲取任竹山數年盡心民事不遺餘力旋以勦樊人傑大股賊功 賞戴花翎晉陞鶴峰州知州仍留署事以勞卒於官竹山民立祠祀之據采訪冊

葉向宸家世業農少貧以勤致富性好施予嘉慶中嘗割腴田二百畝爲邑諸生賓興費楊光南道光四年捐銀千

有百兩購穀建倉以備歲歉散濟五年又捐田六十畝與向宸同助諸生省試資斧至今多士賴之光南子國棟亦以義行稱據采訪冊

徐迪惠原名肄三字聞詩號鹿苑弱冠登嘉慶戊午鄉薦九上公車不第由大挑歷署江西進賢縣義甯州知州所至有惠政補授泰和縣知縣迭辦要案百廢具興重修泰和縣志創設懷仁渡義船道光乙酉丙戌連年旱潦兩次捐廉千五百金賑給老幼收埋淹斃紳耆頌德不衰嘗與青田端木國瑚參定地理元文奉 旨召相萬年吉地解

任進京旋以丁內艱歸徙居郡城徐人龍尚書故第性戇直好施與嘗捐田一百二十畝作會試公車路費士林德之著有象洞山房詩文集行世子鼎梅自有傳弟之子作梅同治戊辰進士補廣西北流縣知縣署思恩有聲民爲立德政碑據采訪冊參用備稿

陳瀛字列三嘉慶癸酉由供事授奉天甯遠典史甯遠監逸巨盜十八人緝獲後大吏委瀛覆審瀛訊知良民即請釋不許遂赴部訟冤得雪十八人皆生全旋補甯遠州知州值邪匪猖獗瀛終夜巡邏擒獲多人鞫狀得爲首者十

八墩郭姓瀛即輕騎至墩未至數里匪用邪術以飛刀截瀛馬足瀛下騎走直前不稍卻忽有數人跪伏道旁稱青天爺爲國爲民不避險難民不敢復生事矣瀛撫慰至再歸嗣是任甯遠十五年匪不爲患後補鳳陽知府署盧鳳潁道未涖任卒初甯遠城隍廟左有塘曰熱水塘水鼎沸異常投以金即見蓮花愚民煽惑多奔赴斃命瀛爲石闌於塘上禁不得近患遂息其生平爲民闢邪率如此子惟模湖北通城知縣據采訪冊

徐文潮字景韓嘉慶戊寅　恩貢三歲失恃九歲父病劇

聞家人言割股可療疾遂刲臂肉和藥進父卒哀毁如成人事繼母任盡孝任故富室女喜奢華文潮諸事曲全有所欲必力致之出入隨侍一日母至社廟祀神文潮從聞比鄰火恐驚母且拂其意不以告從容祝畢歸家已灰燼矣僕婢咸化爲孝有僮任七年十餘所與物必歸遺其親父老見之歎曰此爲十二所化耳十二者文潮小字也文潮少孤力學年十五即補弟子員工詩賦古文善書著有哀鳴集孫辰榮字翰卿增貢生亦三歲失恃事繼母葛孝如其祖性剛正粤匪陷虞城辰榮偕從父于晉練團擊賊

時族人有從賊者慮辰榮與子晉爲賊梗欲以僞職脅之不屈將火其廬以遁得免賊平後歷署德清開化教諭開化有諸生忤邑宰欲詿革之以百金爲辰榮壽卻不可宰怒假他事陷辰榮多士走郡力辨得免據采訪冊

錢駼字西來號小坰嘉慶辛未成進士授翰林院編脩充方略館纂修座師曹文正公嘗器重焉丙子充順天同考官所得皆名下士道光壬午京察一等授江西九江府知府下車首崇文教郡有濂溪書院每課士輒親衡甲乙無倦童試德化拔萬吏部青藜卷大加稱賞庚寅俸滿入覲

宣宗溫語移時有謹慎小心眞讀書人之褒辛卯陞湖北荆宜施道荆州地逼長江每屆春秋川河泛溢荆郡七邑屢遭水患駷爲相度修築民得安枕癸巳秋川水陡溢隄口衝潰城内居民亦遭淹没駷首捐廉賑恤全活無算監收荆關鈔稅值災歉商船少進報銷不敷與當道不合遂引疾歸平生淸苦自厲歷官京外二十餘年囊無私蓄歸里後以著述自娛輯有史鈔三百卷詩鈔三十卷據采訪冊參用備稿

王望霖字濟蒼號石友由太學生入貲授中書少聰慧先達茹三橋見而器之長博涉羣籍尤好吟咏家故饒千金

一舉施濟不吝嘗葺築沙湖塘無量閘爲一邑保障捐設
社倉重建文昌閣及太平橋置義塾義田義塚以惠里族
初望霖有叔父允中任刑部郎中罷官歸好客喜施予時
有小孟嘗之目凡望霖諸義舉允中捐貲協助多贊成之
人稱允中叔姪家世好善望霖性喜翰墨工書法閒寫蘭
竹怪石有奇趣藏書數萬卷善鑒別名人墨蹟擇尤精者
鈎摹鐫石號天香樓藏帖年六十三卒長子振綱輯其遺
稿四卷藏於家振綱道光辛卯舉人有文行編輯虞志備
稿若干卷著有天香別墅學吟十二卷漫存二卷孫淦僊

選同知廉幹有才地方公事多資贊畫以辦餉功經浙撫左文襄奏保　賞戴花翎據采訪冊參用備稿

沈奎字星聚號仙源一名棨昌廩膳生幼穎異讀書目數行下工詩賦古文以傳世自任家貧藉館穀餬口性耿介不苟取同學推重之屢躓場屋益刻苦爲著述計嘗館會稽嘯吟里主人阮鳳亦博雅士藏書甚富奎得縱覽焉曾删訂列女傳編輯百孝圖先是嘉慶間邑士朱文紹主修縣志乖謬甚多奎摘其非作虞乘刋誤既又補其遺漏改爲虞乘刋補成書二十四卷閲寒暑二十餘年右手痺攣

不能書易以左縣令龍澤澔趯其書將刻以傳爲忌者所沮晚年病益甚抱書就徐迪惠謀付梓迪惠方自訂其集又不果未幾卒著有帚珍齋詩文集及詩商廿一史刊誤等書藏於家備稿同時諸生謝萊與奎友善亦留意梓鄉掌故搜羅先賢遺著輯有虞故錄十二冊並著有一知錄若干卷據采訪冊

錢玫字元烋號漢村廩貢生歷署西安敎諭長興訓導所至與多士講求根柢之學尤以實行相砥礪去之日士皆遮道攀留後選補杭州昌化訓導不就道光辛巳徵舉孝

廉方正　賜六品頂帶玫幼工帖括比長博通典籍鍵戶著書歷寒暑不輟嘗因明謝讜古虞詩集輯歷朝上虞詩集十六卷增補詳核人繫小傳足備一邑掌故又著上虞金石志略一卷搜剔殘廢多爲杜春生越中金石記采錄時沈仙源以崔志脫誤著虞乘刊補一書玫復搜采遺佚考核棄取成家山鄉眷錄若干卷外有韓詩注三世五王傳長者山房詩文集藏於家晚尤精醫好施方藥以濟貧乏之遠近請乞者輒獲奇效年六十六卒葬朱村郡守徐榮題其碣曰錢徵君漢邨先生之墓據采訪冊參用備稿

沈清瀾字河渠登道光辛巳　恩科鄉薦性清介讀書好深湛之思爲文務守矩矱嘗立精舍於郡中教授弟子有法莫寶齋侍郎見而奇之會汪文端廷珍督學安徽侍郎薦入幕文端重其學行待之有加禮時省中大姓某與文端有連爲子求師於幕客文端以清瀾應旣至主人厚禮貌之居數日陪游第中至一所散錢滿屋主人笑謂清瀾曰他日教子成名願罄此藏爲先生納粟貲清瀾不顧去無幾何主人慮清瀾孑處飾二美婢至清瀾聘甚詰之云奉主人命來侍枕席清瀾大恚遂乘夜叩學使署謁文端

曰始吾以先生爲正人今乃知直火坑我也文端卒不得其故詢之乃曰始啗我以財繼誘我以色是以小人之道待淸瀾淸瀾可一朝居邪遂拂衣辭文端歸固留之不得晚年家益貧緼袍疏食泊如也不可干以非義新纂○案河渠先生事無采訪之者素聞父老言若此同事有知先生者詢之其言亦若此遂書以傳先生篤學苦行犖犖大者想必有在閭其子老病家衰落不振軼事遺書無人采輯所傳遂止於是雖然是亦足傳先生矣

劉鎮揚字畹莪號蕙圃家貧好學弟子多從之游登道光戊子賢書庚子攝廣西太平府左州事左州地近交阯號難治鎮揚隨俗設施不事紛更民夷帖然甲辰調同考官

晉省途遇盜胠篋無所得笑曰此窮官也舍之去改任恭城下車卽痛革一切敝規胥吏肅然有富商某與鄰女私事發懷五百金賂鎮揚鎮揚卻之卽日斷結恭城向多盜自鎮揚涖任後刑清政簡盜皆屏息民有劉青天之稱已西卒於官恭城人朝夕哭奠奉其位入崇善祠喪無以歸又歛財賻送焉咸豐辛酉粵匪陷虞邑有賊目故恭人獲劉氏子曰汝知劉恭城某乎其人詭爲鎮揚後賊釋其縛曰清官子孫也令速去其遺愛入人如此據采訪冊參用備稿

葛鵬飛字登雲家貧自城中徙居蒿壁鄉傭耕自給婦趙

織絍佐之饘粥外積直置地十三畝憾生平不得竟其學願割十畝輸於學備饗宮歲修費乞教諭阮兆熊白縣令周鏞周欽其人欲舉爲鄉大賓鵬飛謝不就有二女命各置一篋以蓄餘資長女既嫁旋卒臨没取所積番錢四十枚返諸父曰爲爺甘旨之需未幾次女又病將死亦舉所蓄番錢十七枚予父曰爲兒施善舉祝爺壽鵬飛篋而藏之會道光壬辰楊令溯浄創建經正書院遂罄二女所積益以三得番錢六十枚并續置山地數畝復乞訓導任彭模達邑令而輸納焉楊公義之爲作葛鵬飛樂輸記據五美錄

參用
備稿
許正綬字蓻生一字少白道光壬午舉人己丑成進士辛
卯選授湖州府教授丁艱後改授嚴州旋復任湖州以興
復學校爲己任湖州爲宋胡安定秉鐸地舊設安定書院
於安定祠中後建愛山書院安定遂廢祠亦圮正綬請於
知府王壯愍籌資重建仿杭州詁經精舍例以經解古學
課士士皆蒸蒸日上咸豐丙辰復請於知府胡澤沛設立
各處義塾以教孤寒子弟並修葺文廟明倫堂經義治事
兩齋以勸辦大捐出力　賞加國子監監丞銜辛酉五月

卒正綏工書善詩文著有重桂集十一卷輯國朝兩浙校官詩錄十八卷崇祀湖州府名宦○據呈送崇祀名宦錄案蘿生先生爲吾鄉先達其人足傳惟錄中所稱倡建經正書院並籌設考棚公車費鄉舉費童試卷費刻有五美錄此皆吾虞前縣令楊公敎諭徐公及邑中諸義士所擬先生祇主講席並不與聞即上虞縣志虞乘刊誤先生亦祇作序並不較輯錄中掠美失實疑誤後人謹皆從删不敢濫入

朱學富邦耀仲子也兒時喪母號泣如成人比長習木工資傭直以奉父食於主家物爲父未嘗輒不食主人或貽之必歸奉諸父里有小橋欹側久父過此失足跛學富力建之鐫父名額曰志心所以成父之心志也父病湯藥躬

親衣不解帶者累月及卒痛絕復甦哀毀骨立旣葬結廬烏金山墓側夜入而卧晝出傭作自父始葬日至嘉慶二十四年九月無間寒暑者三年有六月兄弟族姻憂其未有子力勸之歸始大哭祭告撤廬返復仿丁蘭故事刻木爲二像與妻汪事之如生初學富之宿廬也有巨蟒昂首橫道厲聲斥之卽遁去夏夕無帷帳蚊如蜎集跪天而祝蚊竟寂然同邑陳濤爲作孝子廬墓記咸豐初孝子七十壽張令致高表其閭據陳濤廬墓記兼參備稿後又有徐長青者少孤家貧賣豆腐爲生活事母陳盡孝母嗜魚日膳以雙或市

無魚必多方致之漁人感其孝亦爲力求焉母又喜粉餈長青每早起先團粉爲餻送寢所視母醒進之有族曾孫葵早卒婦寡居一夜哭甚哀母聞命長青探之歸告母今夜改適人顧三子不忍離故哭母曰汝能節衣食以全其母子乎長青唯唯即以米三斗餽其家復時時接濟之婦卒以節著三子亦各成家年四十六長青病卒甦復謂二子曰吾死不足恤顧吾母年逾八旬今死不復能養吾母顧兒曹爲我善事之言已遂絕不及他事據采訪冊

錢應昇字賡雅與兄應涵同登嘉慶己卯鄉薦道光壬午

會試挑取謄錄期滿選授武安縣知縣武安民强悍號難治應昇下車首興文教捐廉益諸生膏火士皆向學丁未大旱創設粥廠棲息所生活以數萬計咸豐癸丑粵匪竄武安應昇率練勇出城迎擊殺賊數人無何賊蜂擁至應昇力不敵爲賊中傷昏絕倒地衆兵扶救免應昇猶負重創强起令多設疑兵乞師鄰境賊遁輿疾歸遂卒大吏以爲國捐軀　聞　卹贈如例據采訪冊

趙啟玉字璞山邑人寄籍會稽捐職縣丞官湖南以才見咸豐二年粵匪陷新甯啟玉在軍中辦餉以勞補巴陵縣

丞三年署新甯縣有政聲四年從軍湖北殺賊有功克復
崇陽通城二縣湖南巡撫駱秉章以年少疑之湖北按察
使胡林翼白其功保陞知縣　予藍翎署平江縣賊陷桂
陽啟玉赴援克復秉章大奇之保陞同知直隸州換花翎
郴州之宜章縣與廣東接壤秉章虞賊之闖入也檄啟玉
往防時廣東樂山縣已陷啟玉率二千人越境趨樂山營
靑草嶺進戰斬馘甚多賊再撲營堅壁不動賊潛結援衆
數萬合圍三晝夜力戰不能敵孤軍無援糧匱陣亡年二
十九秉章痛之曰以儒吏越巖疆以小隊扞大敵趙令眞

人豪哉事　聞以知府例　賜卹浙江忠義錄

朱旌臣字曉雲性剛介爲文有奇氣冠絶一時道光乙酉登浙闈鄉薦第一屢上南宮不捷咸豐甲寅揀發安徽試用旋丁艱奉　旨留辦皖南糧臺以接濟得力陞授即用同知署績溪縣事調攝宣城篆己未粵匪竄宣城旌臣涕泣誓師力守孤城月餘城破北面叩首九衣冠坐堂皇賊入大罵賊目憐其忠館待之勸降者再卒不食死事　聞卹贈如例據采訪冊

袁希祖字筍陔幼隨父作霖商於漢陽父没希祖才數歲

有部郎某見而器之令就學其家遂補漢陽縣學生道光丁酉舉於鄉丁未成進士由庶常授編修咸豐壬子擢侍講洊陞內閣學士己未典福建試所得皆名下士署戶部工部侍郎性伉直庚申秋夷人犯津門京師戒嚴大臣請

文皇帝巡狩木蘭希祖屢疏諫阻不得遂望屬車痛哭遂嬰疾和議成改兵部左侍郎竟以病卒於任有奏議一卷行世據采訪冊

陳景祺原名光斗父廷連任碭山知縣有聲景祺甫成童即補學官弟子生有至性勵志篤學未通籍受知於安徽

呂文節公以學行相敦勉登道光丙午賢書咸豐壬子進士以知縣歸部銓選時海内軍興選班通利逾年即奉部文截取景祺以母病風痺躬侍湯藥數載卒不瘳遂無出山之志主講本邑經正書院負笈踵至多所造就景祺不鶩講學名而操行眞摯終日危坐無倦容處暗室如對賢聖尤嚴辨義利公私之界教人以誠敬爲先學者稱星橋先生辛酉粤逆擾浙東南糜爛景祺語人曰余非守土臣原無必死之責顧此時遷徙安所得一片乾淨土奔避而仍不免死有餘憾矣未幾奉撫軍檄襄辦團練知當事者

卒闘葺難共事乃糾合鄉里自爲守禦十月邑城陷亟移
母於阜李湖自率丁壯守賊再至再卻次夜賊大隊豕突
勇潰景祺念民弱不足倚以殺賊舍死無可自全者掖之
走不聽賊至怒叱之擁以去至城西晝錦橋屹立不行大
聲怒罵賊酋聘貽諷譬再四憤起奪賊刃賊攢刺之躍入
河死越四日家人得其屍檢體中矛傷七十餘處鬚髪怒
張生氣猶凜凜焉賊平浙撫左文襄首以其事上於 朝
給事中高延祐相繼入告奉 旨賜祭葬如例加贈知府
銜世襲雲騎尉恩騎尉罔替（據家傳）

錢世敘字蓉塘登咸豐己未鄉薦庚申連捷會魁以知縣分發福建署南屏知縣興利剔弊振興文教人稱錢青天同治壬戌調鄉試同考官得士三十人稱極盛焉旋補漳州府龍溪縣時粵匪擾鄰省漳州游民乘勢刼掠撫憲徐飭守令編查戶口世敘用勾股法稽核上憲偉其才檄各屬辦如錢令式同治甲子秋賊破漳州世敘督團勇巷戰力竭死事 聞 卹贈道銜 給予雲騎尉世職恩騎尉罔替建立漳郡專祠並崇祠本籍昭忠祠著有東樵詩文集子恭寅恭寰族子繼成慶紳親串俞守軒陳雨桂同沒

於陣並祔祀焉據采訪冊

徐虔復初名鼎梅字寶彝一字葆衣泰和知縣迪惠子幼穎悟讀書目一二過背誦無遺稍長博覽强記年十五受知督學姚總憲元之以能詩賦補諸生有神童之目九試省闈僅中道光己酉科副車戊午以後遂誓不應試肆力詩古文詞與越中諸名士游生平意氣淩厲議論風發不可一世咸豐十一年九月粤賊陷郡城虔復先一日抱詩文稿至餘姚姜渡村依其戚姜進士聯福居越月賊陷餘姚掠姜渡擁虔復去所識同縣王某先在賊所虔復至詫

曰君胡至此虞復曰若從賊耶吾有死耳王咋舌不語邀白賊虞復才足用賊屬王欵之謹伺之虞復憤不食罵賊求死俄而大飲啖數日賊意稍弛虞復中夜起得賊佩刀倚柱袒而觸且觸且呼王曰徐虞復死矣王驚起已浴血僵急白賊賊爲具棺葬事　聞贈雲騎尉世職直隸州州判所著多燬於火今所存者惟寄青齋詩詞稿數卷據家傳及墓誌銘采訪冊

丁文秀字義美性至孝父沒結廬墓側事死如生朝夕跪墓前禀家事歷三年如一日飲食必先祭尤好義家僅中

人產道光己酉捐田三十餘畝建立養正義塾以訓族之子弟咸豐辛酉冬粤匪掠夏溪避居火銑山雪甚絕粒死無子據採訪冊

王燕字漢英國學生咸豐辛酉粤匪陷虞城燕奉母山居時賊按戶科泒僞號四布燕忿甚欲舉義旗殺賊慮無應者日誦文文山正氣歌擊節慷慨未幾母卒燕勉治喪事既反哭遂不食人勸之乃曰吾前之所以不死者有老母在不忍重傷其心今母已天年終吾復何戀恨不手刃此賊尚受其約束與鼠輩共食息天壤乎卒不食五日死

王璲

撰傳同治間入祀忠義祠忠義錄時又有巫者石元佑賊陷虞斆曰天非清朝天我何生爲遂拜誓母墓仰毒死據采訪冊

王殿孝十九都下嶺人同治元年二月大嵐吳芳林糾義軍殺賊殿孝集團丁與芳林同破後陳梁衕前方馮村等處賊卡殺賊無算十六日殿孝復偕團長王志熙黃燕貽等攻克丁宅街楊婆橋關山張村諸賊壘十五都王紹洙等協助團兵千餘百人亦出寨嶺攻破章鎮賊巢是時義旗響應賊爲之驚越日賊大隊至戰於龍角山殿孝陣亡不數日芳林亦死八月賊破寨嶺王紹洙又被殺紹洙名

淮國學生淮同里王均王塏兄弟與淮練團禦賊寨嶺破
亦同殉焉有八品職銜徐楚玉字保中者與芳林同督練
勇知芳林死隱居深山遇賊不屈亦被戕據采訪册參浙江忠義錄。案
吳芳林戰没上虞其人實隸餘姚忠義錄作
上虞人誤故其事附著殿孝傳中不別立傳
案浙江忠義錄分列紳士義民表今自專傳附傳外並
錄存之紳士廣東龍川縣知縣王天錫廣西全州山角
司巡檢李英麐貢生胡蘭麐生徐鎔增生經簡庭徐慶
詔葛藟縈附生錢敬籛錢寶声錢光第葛和鼎周勛周
品蓮采訪冊名文據劉占熊許立身葉春熙徐大亨徐廷鏞徐
桂張掄萬文雁丁清丁義美顧中郭立言羅應標羅鳴
岡戴連慶姚墨卿朱耀章武生范鷹揚張羽豐采訪冊名聯飛
車光泉子煥然俞國安江蘇候補從九品顧紳候選布
政使理問袁溪朱錫常布政使理問銜戚德慶子承志
候選縣丞陳樹敏候選典史徐汝楫候選未入流王世

元王世英五品銜候選從九品謝梼九品職員徐廷楨
九品頂戴徐培候選從九品陳應揚陳應橋楊炳炎徐
宇立俞蓥弟樹從九品銜陳康陳鑑陳鎬柴濬胡春田
胡墀沈美章車詢謝煦錢世策錢履和嚴人和朱化鵬
朱廷標石偕行李棠李開先連桂和金文炳鄭錦堂子
監生振繼傅秉銓監生陳懋敬陳安懷陳鳳林陳銘陳
義種徐九齡徐文烺朱兆蘭朱鼎忠胡垣胡遂生甄成
鈐採訪冊子士英同先葛德祥黃文俊黃滋鎰黃潤鍾球余邦榮
張思明錢福齡採訪冊作錫齡錢鏞採訪冊作墉錢鎔項漢源丁元
桂丁秋桃車貞子履福履吉孫豹獅戚景沂謝元愷周
鴻壽周采章沈燮堂王丙奎許宗耀義民丁文孝丁寶
善丁三秀丁春富丁錫光丁全楨丁茂德丁永成丁玉
佩丁庚政丁小蘭丁占雲丁占雷丁占鼇丁攀龍丁阿
海丁啟賢丁芳成丁阿富丁世昌丁咬嚌丁阿四丁文
屑丁恒裕丁小六丁小桃丁成忠丁象昭丁祥光丁大
興丁楊臣丁仁和丁進德丁國表丁國楨丁亦高丁有
福丁大毛丁連福丁天瑞丁朝佐丁望霓丁南勇丁良
德丁友德丁表海丁漢才丁大川丁鳳珠丁增榮丁增

光丁復明丁本紹丁長久丁永清丁志和丁月桂丁寶
傳丁張高子阿毛丁餘黃弟餘兆丁鳳林子阿位姪七
寶甥王阿雲丁永茂丁文海丁江海丁繼德丁大春丁
小構丁見龍丁明丁亦南丁畧寶丁小寶顧燧亭顧開
益顧如寶顧大通顧南二顧大化顧維村顧維禧馮繼
龍馮炳有馮阿思經志仁唐建忠唐開祥唐國忠唐可
任張和尚張啟發張君蔚張有良張高松張高張毛張
調木張漢清張漢有張夢來張夢奎張廷林張東友張
有表張大會趙小覺趙又如趙認齋趙永茂趙春龍趙
阿端盧連三盧廷善盧十三董大有董倍懷一作培懷董桐
英董南卿董順秀董增福董方龍董方易董欲義董懷
義董朝富董玉音董詔董登仁董方元董方乾董殿存
董成董忠奎董國昌董殿忠董德龍董南清王酡林王
廷宰王永昌王忠王成化王禹文王金寶王琴仙王長
富王仙根一作先王傳元王禹風王禹凝王月秀一作聿王
景全王作梅一作美王樹盛王兆秀王成福王小靡王紹
成王景奎王景遠王景茂王世忠王阿楚王開遠王東
順王昇海一作升王作雲一作云王南陽王成先王三寶王

允升一作生王邦佳王效山一作耀王阿乾王玉殿王慶林
王皆明王懷玠王作林王連枝王配連王不意王永法
王維懋王燕王小九王邦杰王阿加王如成王東仁王
如來王雨升王阿文王阿燦王倫王齊來王念思王小
寶王立甫王立本王竹村王文會王秋毛王通來王春
鳳王小狗王春豪王朝佐王佩金齊珮林齊增貴齊秀
鶴齊桂雲宗望先李芳李廷耀李克成李阿三李小運
李克昌李夏書李周鎬李二觀李培圭李啟雲袁椿壽
春壽一作袁明高袁金袁賢袁朝榮袁茂芳袁天貴袁梯袁
應兆陸元陸桂運一作貴運陸榮陸清言蔣子孟蔣月照魯述
益吳善吉吳秉全吳樽吳善鈞吳彩琴吳朝進吳誠若
吳和吳朝見吳開增吳堯英任金林任文元任駿聲任
寶椿俞新法俞一桂俞小毛俞福來俞成文子阿八俞
肇鍔俞應極俞桂俞阿周曹文魁曹開先曹久齡曹寶
子羅發曹夏盛曹阿有錢大倫錢宗顯錢宗顯錢申翰
錢丙照錢如蘭錢鍾俊錢狍陳乾明陳允信陳茂椿陳
煥林陳彙法陳星源陳龍楨陳木堂陳振綱陳振賢陳
大其陳紹緒陳子祥陳開春陳世宣陳望高陳時中陳

大毛陳燕飛陳福善陳性海陳漢章陳秀水陳乾泰陳邦校陳上升陳汝梅陳爾芳陳觀釗陳德有陳宗耀陳魯璠陳清標陳念七陳廷元陳肇玉陳其化陳其瑞陳友章陳雲功陳元祥陳元德陳垂統陳陽茂陳松齡陳邦英陳四陳敬修陳其山陳文興弟文秀陳孔金陳尚玉陳芳春陳十二陳紹槐子仁昌陳紹源子東來陳有榮陳耀陳永福陳小懷陳德勝一作得陳小毛陳大方陳雪南陳國士陳章林陳維仁子正意石福秀石朝陽石南極一作燕石堯泰石萬興石景其石月正石梅石茹石髦石文炎石時化石萬忠石阿招石萬仙周隆裕周世順周毛周章法周廷魁周瑞龍周志孝周立年周雲通周寶周珊周鑑清羅金才羅昇羅內炎羅正才一作智雛羅月中羅景炎羅明可羅十一羅小龍章文潮章永高章鳳桂章情瞻章明瞻章懋政章士雲章士傳章法章賢達蕭霖田愛法田豐年沈成良沈壓僚沈永順沈士良沈秉水沈德備沈景仁沈財源沈如晦沈阿林沈運高沈宗華沈沛昌沈倫奇沈一清沈奎義沈以會沈鴻達沈克昌滕周雲何小春何君豪何永興謝福慶謝韓增

謝阿正謝香榮謝啟胡謝廷樞謝元植謝兆堦謝光元
金阿皆金聲鏞金明祥金明寶金秀奎夏懷元夏雲龍
夏鳳岳夏德昭（一作照）夏論道夏漢明夏錫夏錫道夏穀
龍夏照夏周鑑夏阿順夏升連夏世玉夏瑞昌潘思明
潘載秀潘聖太潘報潘聖佑潘文星子德豐潘國義郭
聖奇郭鳴楚郭兆豐郭鳴雷郭三益郭貓頭郭星福郭
世朝郭思邵郭阿錫郭月富郭阿來戴大毛戴如玉曾
錫岡曾江婁開運婁阿毛婁尚志許阿八許東榆許寶
元（采訪作瑗）許寶琳許永能許星煌許周培許傳雲許傳靄
許天先許首先許朝先許上和許元九胡阿七胡秉釗
胡炳太胡國林宣景耀宣十八林孝倫林五倫林寶臣
林廷棟林寶恒傅乾福傅慶雲傅銘銳傅開黃鳳翔賈
周傳駱文貴龔國祥龔南衢龔春芳馬仁安倪耀祖范
桂生范阿梁范開寶姚光福姚丙貴姚廷治劉金寶劉
桂元應文海裘鶴祥葉思棠葉明祿葉封唐葉景堂楊
秉彝楊阿構孔廣宇孔昭瑞虞廷榮虞斯來虞士進虞
日昇虞學思梁永福呂在忠呂楚宮成開豐蔡阿貓諸
新海朱金富朱允懷朱天初朱瑞朱裕和朱來法朱阿

法朱思仁施金疊竺江漢孫廷元孫清揚葛寶靖葛恩
葛志高葛光福葛阿雷葛魁元葛濟川葛思九葛清標
鍾鳳儀鍾秉相鍾萬清鍾調元鍾瑞燦一作萃鍾克先鍾
玉章鍾阿田阮十一阮阿五阮阿八阮十三阮阿思阮
寶珊陶廷桂金遠柴思培桑瑞國余金毛鄧雲表鄧敬
高吳泰包學海鮑心有鮑裕培杜楚玉茅克祥邊阿毛
管春林方永清唐清泉高金鳳項日照宋望先盧阿文
樓子嘉徐三江徐禹章一作宇彰徐渭師徐阿貓徐明珠徐
學佩徐寶德徐殿金徐銳先徐元泰徐阿狗徐文華徐
德風徐殿富徐庭金徐思東徐士章徐雙林徐文忠徐
秀山徐大春徐仲寶一作葆徐有容徐毛一作髦徐必燦徐
應具一作巨徐錫秀一作景徐鋒一作風徐志剛一作江徐刪徐
萬化一作蕃徐文郁徐元平徐文端徐金徐德富徐如桂
徐家寶徐應朝徐景賢徐若桂徐友三徐啟表徐寶行
徐長庚徐成美徐耳順徐有光徐騰蛟徐文蛟徐廷珏
徐八士徐之炳徐泰來徐泰占徐泰寶徐兆塀徐錫城
徐錫熊一作榮徐士表徐士祿徐雲章徐思榮徐聞高一作
文徐德華徐德慶徐廷葵一作揆徐廷表徐秉炎徐穀我

徐重慶徐啟能徐志道徐福慶徐壽富徐廷宷徐廷寶
徐繼昌徐十二徐東山徐文白徐安榮徐錫藩徐士松
徐葆誠徐松尚徐孝夫徐華徐加正徐學周徐福延徐
丙徐文耀徐遇春徐朝徐金寶徐殿英徐月高徐岳林
徐哉常徐亞曾徐大義徐明忠徐紹池徐槐一作懷徐福
昌徐貴友徐雲騰徐世梅徐照徐攀桂徐永和徐培林
徐德賢徐生徐忠正徐寶書徐傳法徐志龍徐小九徐
亞志徐銀徐根徐顯風徐天寶徐爾順徐彩雲徐田瑞
徐歪徐萬盈徐梅忠徐全徐福徐泰升徐震升徐鼎升
徐丙義徐萬來徐漢玉徐漢豪徐廷榮
又案上虞縣續旌冊紳士江西進賢縣典史謝瑛候選
從九周爾裕從九品徐榕從九品虞典廩生徐春舫子
粲庠生張榆王森何辰煦朱師孟增監生錢燮鼎嚴仕進陳邦英
鄉賓吳泰義民王長春王天保王小生王毛馮源堂馮
瑞彪馮心達馮學丹馮亦高陸桂春陸大毛陸芝田陸
德友陸三海陸桂雲陸十二陸炳和陸才謝宗城譚志
迪虞學忠徐其祥徐茂桂徐久祿湯金奎等皆忠義錄
所未載附著之

又案此次采訪尚有紳士閩縣巡檢羅楨監生陳虬章省三姪虹生長生巧生職員章惠錢聚仁錢厥謀王夢昌庠生黄會清錢鹿鳴布理問銜馮錫麟監生馮錫元徐煥文朱學祺朱開泰朱明陽李維賢符福貴葛潮丁瀚錢培吳銓張震方夏壽培六品銜朱坰武生杜集孔義民姚寶興姚聖若姚錦美姚采基姚霞春方汝嘉方萬順章鼎旦章叔寬章和章月亭張啟發張阿生張阿海張錦書張坤元張君惠張思明余鶴皋余萬林盧秉成盧煥道孫世昌孫十七許自良許來山子濟南梁學先倪邦法錢福乾錢保定錢藜輝諸葛五徐光宗徐洪堂子瑞芳徐元表徐天飛徐阿毛徐阿三徐銘忠徐琛徐祺星徐泰交徐長順丁重佑鍾增瑞子立常鍾美久蔡克沛蔡國堂蔡德華蔡成生蔡增敖蔡某任天柱任天祿任文星葛上林唐安邦董世駁子丞軒朱元志朱天容朱萬順朱家文朱萬盛朱萬高朱萬利沈廷洪王效法王一傳王大嚴王阿十王阿齊王庭豪王上達阮士貞謝有光劉栒趙開文子葆咸趙世斌姪春榮車庚寅周阿齊周德法賈月高弟月中杜汝梅馮九皋馮炳

仁馮炳朝馮金璋馮慶祥馮齊珊曹文階曹義曹夏仁
曹學道陸建山陸玉麟陸審發陸珠桂陸瑞源陸懷生
陸五林陸五昌陸鳳陸雙陸坤陸珊陸阿狗陸阿海陸
肖元陸傲齊陸亞頭傳瑞艮金阿義戚茂發胡第元陳
允恭陳友奎陳玉如陳夢英陳鳳春陳沛然陳五福陳
桂福虞瑞臨虞日顯虞寶林虞建勳虞建文虞雲得虞
珮琩虞家寶黃雲路黃瑞昌黃仕昇黃明滄黃廣照黃
萬邦黃唐王建王天佑王孝本王禹高王文瑞王南華
王月江王夢齡王瑞和周小茂周新建張文煒張錦文
張貴卿張廷榮張應先夏雲槐夏槐夏清如麋邦順麋
邦俊潘桂訓潘增堂陶定先徐禹貴馮大奎鍾鳳殿金
漢臣林高奎姪國金丐戶施宗朝子雲慶皆忠義錄及
續旌冊所未載弁附之

又案粵寇之變虞人死者甚多南北兩鄉尤慘然忠義錄所載紳士中有確知本者非殉難甚或曾爲僞官竟濫與其列且爲之立傳者今皆削之至義民重沓龐襍尤多濫竽甚有粵匪前後病亡及生存之人概與其列今擇確知詳細者削其一二餘姑著錄以竢刪正

上虞縣志卷十二　列傳八

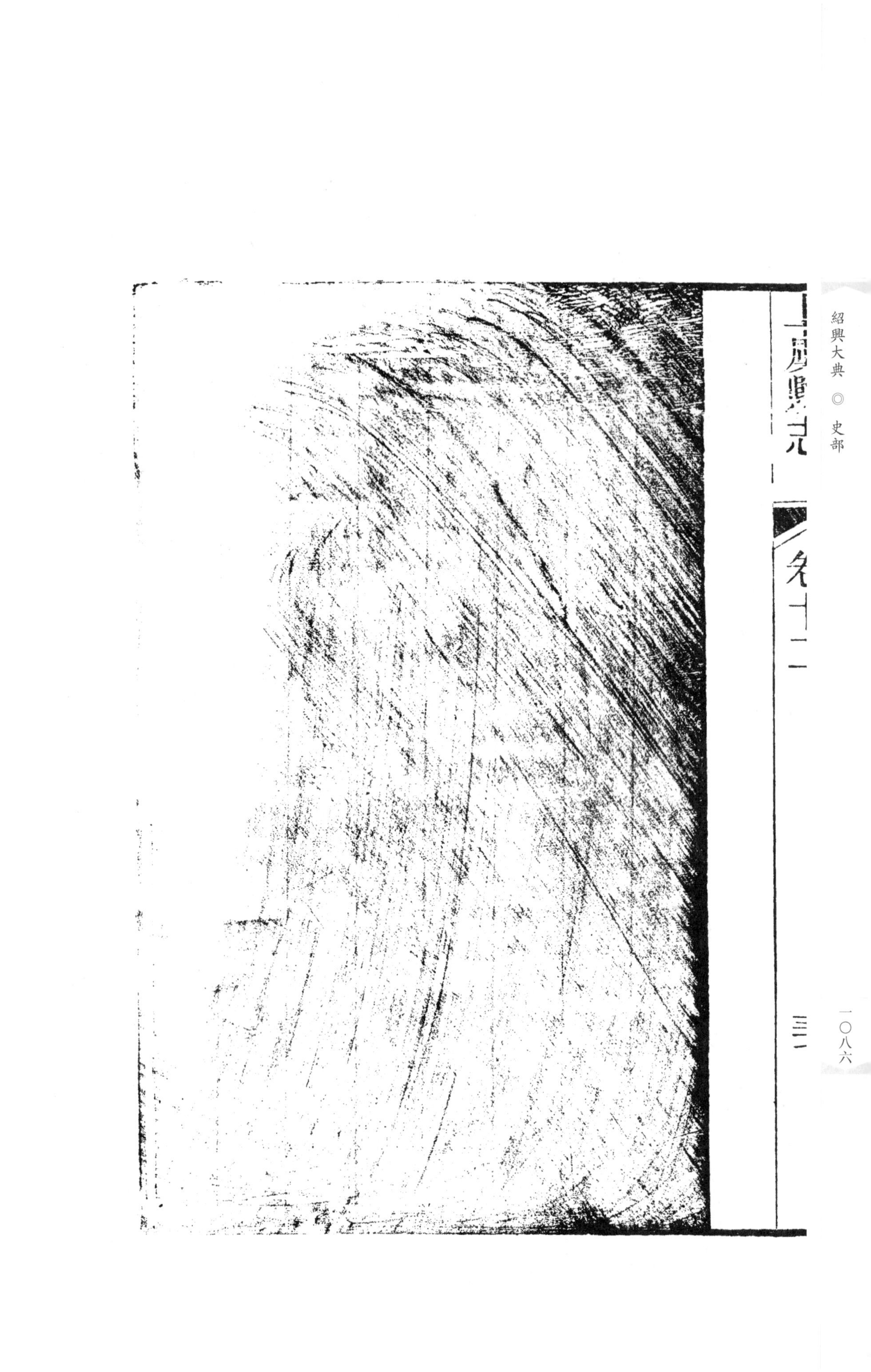